བོད་ཀྱི་གསོ་རིག་གསར་གཏོད་ཐད་མཛད་རྗེས་ཅན་གྱི་མི་སྣ།

藏 医 药 学 创 新 巨 匠

THE GREAT INNOVATORS IN TIBETAN MEDICINE DEVELOPMENT

ཐུབ་བསྟན་ཕུན་ཚོགས་ནས།　　土登彭措　著　　*By Thupten Phuntsok*

中医古籍出版社

图书在版编目（CIP）数据

藏医药学创新巨匠：藏、汉／土登彭措著．-北京：中医古籍出版社，2014.4

ISBN 978-7-5152-0571-7

Ⅰ.①藏…　Ⅱ.①土…　Ⅲ.①藏医－医学家－生平事迹－中国－藏语、汉语　Ⅳ.①K826.2

中国版本图书馆CIP数据核字(2014)第047810号

བོད་ཀྱི་གསོ་རིག་གསར་གཏོད་ཐད་མཛད་རྗེས་ཅན་གྱི་མི་སྣ།

藏 医 药 学 创 新 巨 匠

THE GREAT INNOVATORS IN TIBETAN MEDICINE DEVELOPMENT

土登彭措　著

责任编辑　王益军
封面设计　韩博玥
出版发行　中医古籍出版社
社　　址　北京市东直门内南小街16号（100700）
印　　刷　廊坊市三友印务装订有限公司
开　　本　889mm×1194mm　1/16
印　　张　4
字　　数　40千字
版　　次　2014年4月第1版　2014年4月第1次印刷
印　　数　0001～10000册
书　　号　ISBN 978-7-5152-0571-7
定　　价　38.00元

དཀར་ཆག 目录 *contents*

གསར་ཤེས་གསར་བློ་གསར་བརྗེ་གསར་གཏོད་ཀྱིས།།
རྙིང་པ་རྗེས་ལུས་བག་ཁུམས་ཐམས་ཅད་ཀྱི།།
རྣམ་པ་མ་ལུས་རྩ་ནས་བསྒྱུར་བྱས་ན།།
ཡུན་རིང་གནས་བྱེད་ཐབས་ལམ་དངོས་སུ་བསྟན།།

新智之智革姑且鼎新，

陈腐拘泥陋见皆抛之，

铲尽一切致滞之诱因，

阐明永存生息之脱途。

Obsolete, backward, conservative situations canbe changed by the wisdom; new ideas, revolution and innovation open up new method for Tibetan medicine to exist forever.

རྗེས་རབས་པ་ལ་མཛད་རྗེས་བཞག་པ་འདིས།།
གསོ་རིག་ཡུན་རིང་གནས་བྱེད་འགན་འཁུར་ཉིད།།
ཀུན་ལ་ཡོད་པའི་ང་རོ་བསྒྲགས་པ་འདིས།།
བཀའ་དྲིན་རྗེས་སུ་དྲན་པའི་སྨོན་འདུན་ཞུ།།

赠于后续之徒之贽礼，

乃宣医学昌盛之重担，

天下匹夫应承之呼吁，

愿以报来感恩之追忆。

I wrote this solely for the benefits for coming generations,
With as much effort as I can,
I advocate the responsibility for everybody to carry on Tibetan medicine,
And I would be gratified and relieved if this is thus accomplished.

བོད་གསོ་ལོ་རྒྱུས་ཆུ་རྒྱུན་རིང་མོའི་ཕྲེད།།
བོད་གསོ་བསྟན་པ་ཡུན་རིང་གནས་པའི་ཆེད།།
བོད་གསོ་གསར་གཏོད་མཛད་རྗེས་ཆེ་ཆེས་པའི།།
བོད་གསོ་སྤེལ་མཁས་འདི་དག་ཕྱག་གི་ཡུལ།།

悠悠藏医传承史，

使之永存永昌故，

此辈创新诸巨匠，

实属永礼之依处。

Tibetan medicine lived for thousands years before and
Thanks to the great innovators for their great contribution,
Tibetan medicine will live on for generations in the future,
Thus these innovators deserve the most respects all the time.

དམ་པ་གོང་མའི་རྣམ་ཐར་གསེར་འགྱུར་རྩེ།།
འགྲོ་བ་ཇི་སྲིད་གནས་པ་དེ་སྲིད་དུ།།
རང་མདངས་འོད་ཟེར་ཕྱོགས་བཅུར་འཚེར་བ་ལས།།
བོད་མི་ཡོངས་ལ་གསལ་བའི་ལམ་སྟོན་མཛད།།

先智之智似流金，

众生生息何时许，

彼时闪耀勿可疑，

指以雪儿后继径。

Those masters' achievements are blesses like the sun rising from the east and showing clear direction to us during the period of human existence.

སངས་རྒྱས་སྨན་གྱི་བླ། 药师琉璃光王 *Medicine Buddha*

བཅོམ་ལྡན་འདས་དེ་བཞིན་གཤེགས་པ་དགྲ་བཅོམ་པ་ཡང་དག་པར་རྫོགས་པའི་
སངས་རྒྱས་སྨན་གྱི་བླ་བཻཌཱུརྱ་འོད་ཀྱི་རྒྱལ་པོ།

顶礼、供养、皈依薄伽梵如来应正等觉药师琉璃光王。

The Medicine Buddha

ཐུགས་རྗེས་ཀུན་ལ་སྙོམས་པའི་བཅོམ་ལྡན་འདས།།
མཚན་ཙམ་ཐོས་པས་ངན་འགྲོའི་སྡུག་བསྔལ་སེལ།།
དུག་གསུམ་ནད་སེལ་སངས་རྒྱས་སྨན་གྱི་བླ།།
བཻཌཱུརྱ་ཡི་འོད་ལ་ཕྱག་འཚལ་ལོ།།

大悲一切等持薄伽梵，仅闻名号即除恶趣苦，消除三毒病患药师佛，琉璃胜光明尊我顶礼。

The Buddha of healing and medicine in Mahāyāna Buddhism. Commonly referred to as the Medicine Buddha, he is described as doctor who cures suffering using the medicine of his teachings.

1. དྭགས་པོ་ཟླ་འོད་གཞོན་ནུ། 达布大额讯倪 *Dakpo Da od Shonun*

གསར་གཏོད་མཛད་རྗེས་ཅན་དང་པོ། དྭགས་པོ་ལྷ་འོད་གཞོན་ནུ།

གསར་གཏོད། བཅོ་ལྔ་དྲག་སྦྱོར། དྭགས་པོའི་སྨན་ནག་ཀུན་ཟིར།

གྲུབ་ཆེན་མི་ལ་རས་པའི་ཐུགས་སྲས་དྭགས་པོ་བསོད་ནམས་རིན་ཆེན་ནམ། དྭགས་པོ་ལྷ་འོད་གཞོན་ནུ་ནི། བོད་དབུས་གཙང་ཁམས་གསུམ་ལས་དབུས་ཀྱི་ལྷོའི་ཆར་གཏོགས་པ་གཉལ་གྱི་ཡུལ། གནའ་རབས་ཀྱི་དུས་སུ་བོན་སྐྱེ་དབུས་དཀྱིལ་གྲོང་དཀར་པོ་ཞེས་གྲགས་ཀྱང་ཕྱིས་སུ་ཡུལ་སྐད་དུ་སྦྱིལ་གྲོང་ཞེས་པའི་གྲོང་ཚོ་ཏ། ཡབ་སྐྱེ་བ་སངས་རྒྱས་རྒྱལ་པོ། ཡུམ་ཤོ་མོ་ཟ་ཚེ་ལྡུམ་གཉིས་ཀྱི་སྲས་སུ་རབ་བྱུང་དང་པོའི་ས་མོ་ལུག་སྤྱི་ལོ་ ༡༠༧༩ ལོ་ལ་འཁྲུངས། ཡབ་ཡུམ་གཉིས་ལ་སྲས་སྤུན་མཆེད་གསུམ་ཡོད་པ་ལས་ཁོང་ནི་གཉིས་པ་ཡིན་ལ། སྤུན་མཆེད་གཞན་ལས་རིག་པ་གསལ་ཞིང་ཡར་སྐྱེས་མགྱོགས་པས། མཚན་དར་མ་གྲགས་ཞེས་གསོལ། ཁོང་གི་ཏུས་སྐྱེ་བའི་འབྱུང་ཁུངས་ནི། སྟོང་ཐུན་ལོ་རྒྱུས་ཆེན་པོ་གསེར་གྱི་ཐེམ་སྐས། ཆེ་དགེ་ཡིག་ཚང་དཔྱལ་སིག་ཅན་སོགས་གནའ་རབས་ཀྱི་ཡིག་སྙིང་རྣམས་སུ་འཁོད་པ་ལྟར་ན། གནའ་སྔ་མོར་བོད་ལ་རྒྱལ་པོ་མ་བྱུང་གོང་གདངས་ཅན་ལྗོངས་འདིར་ཀླུ་གདུག་པ་ཅན་གྱིས་དབང་བསྒྱུར་བས། ཀླུ་ནད་ཀྱིས་ཁ་བ་ཅན་པ་རྣམས་ཉམས་ཐག་པོར་བྱས་པའི་ཚེ། སྤྲུལ་པའི་ལྷ་བྱང་སེམས་རྡོ་རྗེ་བྱ་བ་དེ་ཉིད་ཀླུ་འདུལ་བའི་དུས་ལ་བབས་པར་མཁྱེན་ནས་མི་ཡུལ་དུ་བབས། རི་རབ་ལྷུན་པོའི་བྱང་ཕྱོགས་ན་བྱ་ཁྲུང་མང་པོ་ཡོད་པ། རྫུ་འཕྲུལ་གྱིས་རྒྱ་སྐྱེ་བཙུགས་ནས་བཟུང་སྟེ། ཀླུ་རྣམས་འདུལ་བཙུགས་པས། ཀུན་གྱིས་སྐྱེ་བ་ཞེས་བོས་ཤིང་རྗེ་བོར་མངའ་གསོལ། དེ་ནས་བཟུང་རྗེ་སྐྱེ་བ་བཙད་པོའམ། རྒྱ་རྗེ་བཙད་པོ་ཞེས་གྲགས་པར་བཤད། རྗེས་ནས་རྗེ་དེའི་རིགས་རྒྱུད་རྣམས་ལ་སྐྱེ་བ་ཞེས་གྲགས་སོ། །ཁོང་གི་ཡབ་གསོ་རིག་ལ་མཁས་ཤིང་ཡོན་ཏན་ལྡན་པ་ཞིག་ཡིན་པས། ཁོང་དགུང་ལོ་ལྔ་པར་ཕེབས་པ་ན། ཡབ་ཀྱིས་ཀློག་བསླབས། ཡུན་མི་རིང་བར་ཀློག་ཐོགས་མེད་དུ་ཐུབ། དགུང་ལོ་བདུན་པར་གསོ་བ་རིག་པ་སྦྱོང་བའི་དབུ་བཙུགས། རྒྱ་གར་གྱི་སྨན་པ་མཁས་པ་སྐྱེ་མེད་མདུན་དུ་དོན་སྟོད་ཀྱི་ནད་བཅོས་གཙོ་བོར་གྱུར་པའི་སྨན་དཔྱད་སྦྱངས་ཤིང་། མགོན་པོ་ཀླུ་སྒྲུབ་དང་སློབ་དཔོན་པདྨའི་མན་ངག་སོགས་ཞུས། གཙང་པ་ལྷ་རྗེ་དབུ་གསེལ་ལ་ཡན་ལག་བརྒྱད་པ་སོགས་སྨན་གཞུང་གི་འགྲེལ་བཤད་ཚང་མ་གསན། བལ་པོའི་

སྨན་པ་བི་ཛི་སྨན་གཞོན་ལ་རྩ་ཡི་གནས་ཚུལ་ལ་དཔྱད་པའི་ལག་ལེན་སོགས་ལག་ལེན་གྱི་སྐོར་རྣམས་སྦྱངས། སློབ་དཔོན་དེ་གསུམ་ལོ་ཕྱེད་བརྒྱད་བར་བསྟེན། གཞན་ཡང་རྒྱ་ཁྲི་ཐན་གྱི་སྨན་པ་གཙུག་ཕུད་ཅན་སོགས་སྨན་གྱི་སློབ་དཔོན་བཅུ་གསུམ་ཙམ་བསྟེན་ནས་ལོ་བཅུ་གསུམ་རིང་གསོ་རིག་སྦྱངས། བོད་ཀྱི་གསོ་བ་རིག་པ་ལ་མཁས་པའི་མཐར་སོན། གསང་སྔགས་རྙིང་མའི་བླ་བ་འབར་རེ་བསྟེན་ནས་རྙིང་མའི་ཆོས་གསན། ཟངས་དཀར་ལོ་ཙྪ་བ་འཕགས་པ་ཤེས་རབ་ལ་བསྙེན་བཀུར་མཛད་ཅིང་། དཔལ་བསམ་ཡས་དང་། ལྷ་སའི་བར་ཕྱག་ཕྱིར་བགྲིས་ཏེ་རྣལ་འབྱོར་སྐོར་དང་། བདེ་མཆོག་གི་དབང་ལུང་ཞུས། དགེ་བཤེས་ཤར་པ་བ་ཡོན་ཏན་གྲགས་ལ་བཀའ་གདམས་ཀྱི་ལམ་རིམ་གསན། དགུང་ལོ་བཅུ་དྲུག་ལ་ཕེབས་པའི་དུས་སུ་རབ་ཏུ་བྱུང་བར་བཞེད་ནས་ཡབ་ཡུམ་ལ་ཞུས་ཀྱང་མ་གནང་བར། མཆིམས་རྗེ་སྲས་དར་མ་འོད་ཀྱི་བུ་མོ་ཁབ་ཏུ་བཞེས། སྨན་དཔྱད་དང་། གསང་སྔགས་གསར་རྙིང་གི་ཆོ་ག་འདོན་པ་སོགས་ཀྱི་ཁྲིམ་གཞིས་སྐྱོང་བར་མཛད། སྲས་གཅིག་དང་སྲས་མོ་ཞིག་ཀྱང་སྐྱེས། ཁོང་ཁྲིམ་མི་རྣམས་ཕན་ཚུན་བརྩེ་གདུང་ཏ་ཅང་ཟབ་ཅིང་བདེ་བའི་ངང་ནས་འཚོ་ཞིང་གནས་སོ། །དགུང་ལོ་ཉེར་ལྔ་བཞེས་པའི་ཚེ། ཡུལ་དེར་འབྲུམ་ནག་གི་ནད་ཀྱིས་ཁྱབ། སྲས་པོ་བརྒྱད་ལོན་པ་དང་། སྲས་མོ་ལོ་གསུམ་ལོན་པ། ལྷམ་མོ་དང་བཅས་འབྲུམ་ནད་ཀྱིས་མནར། སྐྱོ་ངལ་ཚད་མེད་ངང་ནས་ཞིང་སྒོ་བར་ཕེབས། འབྲིང་ལྷག་ཕྱག་ལ་འཁོར་བས་རྐྱེན་བྱས་སྙིང་རྗེ་ལྷག་པར་སྐྱེས་ནས། སྨོ་སྣང་ཡན་དུ་བཙུག ཕྱག་ལྷམ་ས་ལ་བརྡབས་ནས་ད་ནས་བཟུང་སྡིག་པའི་བྱ་བ་འདི་འདྲ་ལ་ནམ་ཡང་མི་འཇུག་སྙམ། དེ་ནས་རིང་པོ་མ་ལོན་པར། སྲས་མོ་ལོ་གསུམ་ལོན་པ་དེ་ཤི དུར་ཁྲོད་དུ་རོ་བསྐྱལ་ནས་ཚུར་བྱོན་ཙ་ན། སྲས་པོ་དགུ་ལོན་པ་དེའང་གྲོངས། ཡང་དེའི་རོ་དུར་ཁྲོད་དུ་བསྐྱལ་བར་བྱོན། ཚུར་ཕེབས་པ་ན་ཁོང་གི་སྐུ་ལྷམ་ནད་དྲག་པོས་ཡུན་རིང་མནར་བའི་ཐོག་སྲས་མིང་སྲིང་གཉིས་གཅིག་རྗེས་གཅིག་འདས་པའི་དབང་གིས། ལུས་ཟུངས་ཟད་ཅིང་དབུགས་ཆད་ལ་ཁད་དུ་གྱུར། མོས་མིག་མཆི་མས་གང་སྟེ་ཁོང་གི་ཞལ་ལ་ཅེ་རེར་བལྟས། ཁོང་གིས་ཀྱང་མོའི་བཞིན་རས་ལ་གཟིགས་ཤིང་། སྙུན་ཆབ་མང་དུ་བསིལ། ད་ནས་བཟུང་ངས་ནོར་རྫས་ཀུན་སྦྱིན་པ་བཏང་ནས། རབ་ཏུ་བྱུང་སྟེ་བྱང་ཆུབ་བསྒྲུབ་རྒྱུ་ཡིན་ཞེས་གསེར་གྱི་སླེགས་བམ་དབུ་ཐོག་ཏུ་བཞག་ནས་དམ་བཅའ་མཛད། མོས་ཀྱང་འདོད་པ

མཐུན་པའི་ཚུལ་གྱིས་མགོ་བོ་སྐྲ་ཙམ་བྱས་ཏེ་འདས་སོང་ངོ་། ། དེ་ནས་ནོར་བཟང་ཀུན་དགོངས་རྫོགས་སུ་བཏང་། རྗེ་མོའི་གདུང་བཞུགས་མཆོད་རྟེན་ཞིག་ཀྱང་བཞེངས། དེ་ལྟར་སྡུག་བསྔལ་ཚད་མེད་ཀྱིས་མནར་བས་འཁོར་བ་མཐའ་དག་ལ་སྙིང་པོ་མེད་པར་གཟིགས་ནས། དགུང་ལོ་ཉེར་དྲུག་པར་བཀའ་གདམས་པའི་བཙུན་པ་འགོང་སྟོན་དཔལ་བསོད་བྱ་བ་ཞིག་ལ་གྲོགས་བཙོལ་ཏེ་དྭགས་པོ་རོང་དཀར་བྱོན། ཟངས་དཀར་བའི་སློབ་མ་མར་ཡུལ་བ་དགེ་བཤེས་བློ་ལྡན་ཤེས་རབ་མདུན་བསྙེན་རྫོགས་ཀྱི་སྡོམ་པ་ཡང་དག་པར་མནོས། མཚན་དགེ་སློང་བསོད་ནམས་རིན་ཆེན་དུ་གསོལ། སློབ་དཔོན་གྱི་མདུན་དུ་གསང་སྔགས་ཀྱི་ཆོས་སྐོར་མང་པོ་ཞུས། ཆོས་གྲོགས་འགོང་སྟོན་གྱི་བསྐུལ་བར་བརྟེན། རྗེ་མི་ལའི་སློབ་མ་བྱང་ཆུབ་སེམས་དཔའ་མདུན་ནས། མི་ལའི་གདམས་ངག་ཁྲིད་དང་བཅས་པ་འགའ་ཞིག་ཞུས། དགུང་ལོར་ཉེར་བརྒྱད་པར། འགོང་སྟོན་དང་ལྷན་ཅིག་ཏུ་དབུ་རུ་བྱང་གི་ཕྱོགས་སུ་བཀའ་གདམས་པའི་ཆོས་ཞུ་བར་ཕེབས། སྤྱན་སྔ་བའི་སློབ་མ་སྙུག་རུམ་པའི་བརྩོན་འགྲུས་རྒྱལ་མཚན་ལ་ཇོ་བོའི་ལམ་རིམ་གསན་ནས་ཟླ་བ་བརྒྱད་ཙམ་བསྙེན། སྣང་ཐང་པའི་སློབ་མ་ལྕགས་རི་གོང་ཁ་བ་བྱང་ཆུབ་དཔལ་ལ། ཇོ་བོའི་གདམས་ངག་མ་ལུས་པ་གསན། རྒྱ་མཁྱེན་ཕྱག་རྡོར་སོགས་ཀྱི་དབང་ལུང་འགའ་ཡང་ཞུས། དགེ་བཤེས་རྒྱ་ཡོན་བདག་ལོ་གསུམ་བསྙེན་ནས་གསན་བསམ་མཛད། དེ་ནས་རང་ཡུལ་དུ་བྱོན། ཡབ་མེས་ཀྱིས་བཞེངས་པའི་སེར་ཁ་བྱ་བའི་གཙུག་ལག་ཁང་ཞིག་ཡོད་པ་དེར། སྒྲུབ་ཁང་ཞིག་བརྩིགས་ཏེ་སྒོམ་སྒྲུབ་མཛད། རྨི་ལམ་གྱི་སྔ་ལྟས་བཟང་པོ་བྱུང་། དཔྱིད་ཀར་མཚམས་གྲོལ་ནས་སྐྱོ་སངས་ལ་བྱོན་པས། སྤྲང་པོ་ཁད་པོ་གསུམ་གྱིས་རྣལ་འབྱོར་གྱི་དབང་ཕྱུག་མི་ལ་རས་པའི་སྙན་གྲགས་སྙིང་བ་གསན། མི་ལ་རས་པའི་མཚན་ཐོས་པ་ཙམ་ལ་ལུས་སྤུ་ལྡང་ཞིང་། མིག་ནས་མཆི་མ་འཁྲུག་པའི་དད་པ་སྐྱེས་ཏེ། ཅིས་ཀྱང་མཇལ་འགྲོ་དགོས་སྙམ་པ་ཐུགས་ལ་འཆར། ཞིང་བཟང་པོ་གཅིག་ཡོད་པ་དེ་གསེར་སྲང་དོ་དང་ཇ་ལ་བརྗེས། སྟོན་གྱི་བཀའ་གདམས་པའི་བླ་མ་རྣམས་ལ་གནས་སྐབས་དགོངས་ཁྲོལ་ཞུས། དགོང་ལོ་སོ་གཅིག་པ་ཆུ་སྣང་ལོར་གྲོགས་འགོང་སྟོན་དང་བསྡེབས་ཏེ་གཙང་ཕྱོགས་སུ་བཏེག གཙང་ཆེང་འདུས་མགུར་མོར་སླེབས་པ་ན། འགོང་སྟོན་ནད་དྲག་པོས་ཟིན། འགོང་སྟོན་གྱིས་ང་གནས་སྐབས་འགྲོ་ཐུབ་པ་དཀའ་བས། ཁྱེད་རང་སྔོན་ལ་ཕེབས། ང་ནད་དྭངས་པ་དང་སླེབས་འོང་གསུངས། ཁོང་

ཡི་སྨུག་ཀྱུང་བྱ་ཐབས་བྲལ། གསེར་སྲང་ངོ་དང་ཧ་དུམ་བུ་མ་གཏོགས་དེ་མིན་གྱི་ལམ་རྒྱུགས་དངུལ་དངོས་ཚང་མ་འགོང་སྔོན་ལ་བཞག ཚོང་པ་འགའ་དང་འགྲོགས་ཏེ་ཁྲིམས་པོ་བསྐྱམས་ནས་ཞབས་ཐང་དུ་ཟླ་ཕྱེད་ཙམ་ཕེབས་པས་མི་ཡའི་བཞུགས་གནས་དང་ཉེ་བར་ལ་སྔོད་མེ་མོ་ཐང་ལ་འབྱོར། སྐྱ་ངལ་བའི་ཐོག་གློ་བུར་བའི་ནད་ཅིག་གིས་མནར། ཐང་དཀྱིལ་དུ་ཉིན་ཞག་བདུན་གྱི་བར་ལུས། རྗེ་བཙུན་མི་ལ་བཞུགས་པའི་ཕྱོགས་སུ་བལྟས་ཏེ་གསོལ་བ་དྲག་ཏུ་བཏབ། རྗེ་བཙུན་གྱིས་མཁྱེན་ནས་རྣལ་འབྱོར་པ་ཞིག་བསུ་བར་མངགས། ཁོང་གི་ནད་ཅུང་དྭངས་བ་དང་རྣལ་འབྱོར་པ་བསུ་བར་འབྱོར། ཁྲིམས་པོ་བདག་ལ་སྐྱོལ་ཞེས་རྣལ་འབྱོར་པས་ཁྲིམས་པོ་ཁྱེར་ཏེ་རིམ་གྱིས་བྱོན། འབྱོར་ལ་ཉེ་བར། རྣལ་འབྱོར་ཕོ་མོ་རྣམས་ཀྱིས་སྔོམས་དུད་དང་ཇ་ཧུང་རོལ་མོ་དང་བཅས་བསུས། དེ་ནས་རྗེ་བཙུན་གྱི་དྲུང་དུ་ཕྱིན་པས། རྗེ་བཙུན་རྫོ་ཕ་བོང་ཆེན་པོའི་སྟེང་བཞུགས་པར་མཇལ། དད་པ་ཚད་མེད་སྐྱེས་ཏེ་མིག་མཆི་མས་བརླན་བཞིན་པར་ཕྱག་གསུམ་བཙལ་ནས། མཇལ་རྟེན་དུ་གསེར་སྲང་ངོ་དང་ཧ་དུམ་བུ་བཅས་ཕུལ། ང་ལམ་ཐག་རིང་པོ་ནས་ཁྱེད་མཇལ་དུ་ཡོང་བ་ཡིན་པས་ཐུགས་རྗེས་འཛིན་པར་ཞུ་ཞུས། རྗེ་བཙུན་གྱི་ཞལ་ནས། གསེར་དང་མི་རྣན་ཡོ་མི་མཐུན། ཧ་སྐོལ་བྱེད་ཀྱི་ཐབ་སྦྱུད་མེད། དེ་རྣམས་ཁྱོད་རང་སྒྲུབ་པ་བྱེད་པའི་རྒྱུགས་གྱིས། ཁྱོད་དེ་ཙམ་ལམ་ཐག་རིང་རྒྱུ་མེད། ཁམས་དང་རྒྱ་གར་ནས་ང་ཙར་ཡོང་མཁན་ཡོད། ཁྱོད་ཀྱི་མིང་ཅི་ཟེར་གསུངས། བསོད་ནམས་རིན་ཆེན་ལགས་ཞུས། རྗེ་བཙུན་གྱིས་བསོད་ནམས་ཚོགས་ཆེན་བསགས་ལས་བྱུང་། འགྲོ་བ་ཀུན་གྱི་རིན་པོ་ཆེ། ཞེས་ལན་གསུམ་གསུངས་རྗེས། ཚང་གསོལ་འཁྲི་ཀ་པྲ་ལ་གང་གནང་ནས། འདི་འཐུངས་གསུངས། རྟེན་དགེ་སློང་ཡིན་པ་ཅུང་ཟད་སྐྱེངས་པའི་ཚུལ་གྱིས་བླ་མའི་བཀའ་ལྟར་ཆང་ལྷག་མ་མ་ལུས་པར་བཞེས། རྗེ་བཙུན་གྱིས་ཐུགས་དགྱེས་པ་ཆེན་པོས་མགུར་ཚར་གཅིག་གསུངས་ནས་བུ་སྟོན་ཁྱོད་ལ་སྣེ་ལེན་ཡིན་གསུངས། གནས་སྐབས་ཕ་བོང་དེའི་འོག་ལྷུག་ཕྲན་དང་། ཟ་ལྷུམ་སོགས་ཕྱེད་སྐྱོལ་ཞིག་བྱས། གསེར་ཞོ་འགའ་བཙོངས་ནས་རྒྱུགས་བསྒྲུབས་ཏེ་བཞུགས། ཐོག་མར་བླ་མའི་བཀའ་ལྟར་བཀའ་གདམས་པའི་བླ་མ་རྣམས་ལ་ཞུས་པའི་དབང་དང་གདམས་ངག་རྣམས་ལ། རྗེ་བཙུན་རང་གི་ལུགས་ཀྱིས་བྱིན་རླབས་མཛད། དེ་ནས་དབྱར་གྱི་དུས་སུ་སྔོད་མཚོ་ལུང་དུ་བཞུགས། ཉིན་མཚན་ཀུན་ཏུ་འབྲལ་བ་མེད་པར་རྗེ་བཙུན་གྱི་རྗེས་སུ

འབྲངས། བླ་མའི་ཐུགས་ལ་བཞུགས་དགུའི་ཟབ་ཆོས་མ་ལུས་པ་བུམ་པ་གང་བྱོའི་ཚུལ་
ཞུས། དཀའ་སྤྱད་སྙིང་རུས་ཆེན་པོས་སྒོམ་བསྒྲུབ་མཐར་ཕྱིན་མཛད། ཉམས་རྟོགས་ཐུན་
མོང་མིན་པ་ཐུགས་ལ་འཁྲུངས། རྗེ་མི་ལའི་ཐུགས་སྲས་ཀུན་གྱི་གཙུག་གི་ཏོག་ལྟར་གྱུར།
རྗེ་བཙུན་གྱིས་སློབ་མ་ཚང་མ་འདུས་པའི་དབུས་སུ། ཕ་རུས་ཁར་བུ་བཟང་པོ་སྐྱེས། སྐད་
མར་ང་བས་ཀྱང་བསྟན་པ་དང་། སེམས་ཅན་ལ་ཕན་པ་རྒྱ་ཆེན་པོ་ཡོང་བར་འདུག······
གསུངས། དྭགས་པོ་བཀའ་བརྒྱུད་ཀྱི་དགོན་གནས་དང་པོ་སྒམ་པོའི་གདན་ས། ཤར་སྒམ་
པོ་གངས་ཀྱི་རི་བོ་དེ། རི་རྒྱལ་པོ་གདན་ལ་བཞུགས་པ་འདྲ། རྩེ་མོ་རིན་ཆེན་ཕྲག་ཞུ་འདྲ།
རྒྱབ་རི་དར་དཀར་ཕྱར་བ་འདྲ། མདུན་རི་རིན་ཆེན་སྤུངས་པ་འདྲ། རི་བདུན་སྔོན་པོས་
འདུད་པ་འདྲ། རི་དེ་ཡི་མགུལ་ན་གདུལ་བྱ་ཡོད། ཁྱོད་དེ་རུ་སོང་ལ་འགྲོ་དོན་བསྒྲུབས།
ཞེས་ལུང་བསྟན་དེ་ནས་ཁོང་དབུས་སུ་འབྱོན་ལ་ཉེ་བ་ན། རྗེ་བཙུན་གྱིས་སྐྱེལ་མགུར་རིང་
པོ་ཞིག་གསུངས་རྗེས། བུ་ཁྱོད་ཡོས་བུ་ལོའི་ཧ་ཟླ་བའི་ཚེས་བཅུ་ལ་བྲིན་དང་སླེ་ནམ་གྱི་རི་
ལ་ཅིས་ཀྱང་སླེབས་པར་གྱིས། ཐིག་གྲོགས་དང་འགྲོགས་སུ་མི་རུང་། དེའི་གྲིབ་རང་ལ་ཕོག་
ཡོང་བ་ཡིན། ཐམས་ཅད་དང་མཐུན་པར་གྱིས། ཀུན་ལ་ཕན་པར་གྱིས། གཙང་སྦྲ་ཆེ་བར་གྱིས།
འཇིག་རྟེན་ཆོས་བརྒྱད་ལ་རི་དྭགས་རྨས་མ་ལྟར་རྒྱུན་དུ་ངོགས་ཐོན་གྱིས། རི་མཚམས···
དང་། སྨྲ་བཅད། འདག་སྦྱར་གསུམ་གྱིས་དུས་འདའ་བར་གྱིས་གསུངས། དེ་ནས་རྗེ་བཙུན་
ལ་ཐོན་ཕྱག་ལན་མང་བཙལ་ཏེ་བཏེག བླ་མས་ཤིང་སྟག་པའི་ནགས་ཡོད་པའི་ལུང་པ་
དེར་རྗོ་ཟམ་ཆུང་ངུའི་བར་སྐྱེལ་ཐུང་མཛད། དེར་རྗེ་བཙུན་གྱིས་ཁོ་བོ་རྟེན་འབྲེལ་གྱི···
དབང་གིས་ཆུ་འདིའི་ཕ་རོལ་ལ་འགྲོ་ཐུབ་པ་མི་འདུག དབུས་པ་སྟོན་པ་ཁྱོད་ཁྲིམས་པོ···
ཕེབས་ལ་འདིར་སྡོད། འོ་སྐོལ་ཕ་བུ་གཉིས་ཁ་བརྡ་ཞིག་ལབ་དགོས་གསུངས་ནས། རྗེ་
བཙུན་ཟམ་སྟེགས་སྟེང་དུ་ཕྱེད་སྐྱིལ་དུ་བྱས་ནས་བཞུགས། ཞལ་བཀོད་མང་པོ་མཛད་རྗེས
ཨ་རུ་ར་གསེར་མདོག་ཅིག་དང་། མེ་ལྕགས་ཤིག སྐྱིལ་དར་ལ་གནང་ཞིང་ཆོས་མཐར་ཕྱིན་
འགྲུབ་པའི་སྨོན་ལམ་ཡང་མཛད། ཁོང་གིས་བླ་མའི་ཞབས་ལ་ཡང་ཡང་བཏུད་དེ་ཕྱག་
ལན་མང་བཙལ། མིག་མཆི་མས་གང་བཞིན་པར་གསོལ་བ་བཏབ་ནས། ཕྱི་བལྟས་ཐེངས་
མང་བྱས་ཏེ་དབུས་ཕྱོགས་སུ་བཏེག དབུས་སུ་བྱོན་པ་དང་བཀའ་གདམས་པའི་ཆོས་ཆ་
ཚང་མཛད་དེ། སྔོན་གྱི་བཀའ་གདམས་བླ་མ་སྟག་རུམ་པ་སོགས་མཇལ་བར་བྱོན། བླ་མ་

ཀུན་མཇལ་ཞིང་ཐུགས་དགྱེས་པ་ཆེན་པོས་དམ་པའི་ཆོས་ཀྱི་བགྲོ་གླེང་མཛད། སྟོན་བཀའ་གདམས་ཀྱི་ཆོས་ཞུ་མ་མྱོང་བ་མང་པོ་གསར་དུ་ཞུས། རིང་པོ་མ་ལོན་པར་ལོ་ཉེས་ཀྱིས་སྐུ་ཚེ་ཐུང་བར་བརྟེན་བཀའ་གདམས་བླ་མ་རྣམས་ཀྱིས་དེར་བཞུགས་དགོས་པར་ཞུས་ཀྱང་། མ་གསན་པར་གཞལ་དུ་བྱོན་ནས་སེ་བ་ལུང་དུ་སྒོམ་སྒྲུབ་ལོ་དྲུག་ཙམ་མཛད། སྐབས་དེར་སྟོན་བླ་མས་ཡོས་བུ་ལོའི་ཧྲ་ཟླ་ཆོས་བཅུ་ལ་མདུན་དུ་སླེབས་པར་གྱིས་གསུངས་པ་དྲན་·····ནས། རས་སྒོམ་རས་པ་གྲོགས་སུ་ཁྲིད། གཅེན་པོ་སེ་རི་ལས་གསེར་ཞོ་བཅུ་གཉིས་བསྐྱིས། རྗེ་བཙུན་མཇལ་བར་ཕེབས། ཡར་ལུངས་མདོར་སླེབས་པ་ན། རས་ཆུང་པ་རྗེ་བཙུན་གྱི་དགོངས་རྫོགས་གྲུབ་ནས་མར་བྱོན་པ་དང་མཇལ། རྗེ་བཙུན་ཞི་བར་གཤེགས་པའི་གནས་ཚུལ་གསུངས་རྗེས། བླ་མས་བྱིན་རྟེན་སྐུ་སྐལ་དུ་བསྐུར་བའི་ཨ་ཀུ་ཏུའི་ཕྱག་མཁར་དང་། ན་བཟའ་རས་གོས། མི་ཏྲི་པའི་དབུ་ཞྭ་རྣམས་ཕྱག་ཏུ་ཕུལ་མ་ཐག་ཡུན་རིང་བར་ཐུགས་དྲན་མེད་དུ་བརྒྱལ། བརྒྱལ་ལས་སངས་པ་དང་གསེར་སྲང་གང་ཕྱག་ཏུ་བསྣམས་ཏེ་སྟེ་ནམ་གྱི་ཕྱོགས་སུ་གཏོར། སྤྱན་ཆབ་བསིལ་ཞིང་ཕྱག་ལན་མང་བཙལ་ནས། བླ་མར་གསོལ་འདེབས་ཀྱི་མགུར་གསུངས། དེ་ནས་ཚུར་བྱོན། རས་ཆུང་པ་སེ་བ་ལུང་དུ་སྤྱན་དྲངས་ཏེ་ཞབས་ཏོག་བགྱིས་ཤིང་། ལུས་མེད་མཁའ་འགྲོའི་ཆོས་སྐོར་སོགས་ཞོར་བུ་འགའ་ཞིག་ཞུས། གཞལ་དུ་ཕེབས། བཀའ་གདམས་པ་རྣམས་ཀྱི་ཁྲིད་དུ་བཞུགས། ད་ནས་སྒོམ་རྣམ་དག་ཅིག་སྦྱ་དགོས་དགོངས་ཏེ་སེ་བ་ལུང་དུ་བྱོན་ནས་སྒོམ་སྒྲུབ་མཛད། དགེ་ལུང་། རི་བོ་ཆེ། གར་ཕུག་མགར་ཕུག་སོགས་གནས་ངེས་མེད་རྣམས་སུ་སྒོམ་སྒྲུབ་མཛད། ཟངས་རི་རས་པ་དང་རས་སྒོམ་པ་སོགས་སྒོམ་ཆེན་གྱི་སློབ་མ་མང་དུ་སྤེལ། ཤོང་སྐུ་ཆེའི་མཇུག་ཙམ་ནས་དྭགས་ལྷ་སྒོམ་པོར་བྱོན། དགོན་པ་བཏབ། སྐུ་ཚེ་མ་རྫོགས་པར་སྒོམ་སྒྲུབ་འཆད་ཉན་གྱིས་དུས་འདའ་བར་མཛད། མཁས་གྲུབ་ཀྱི་སློབ་མ་དཔོན་སྒོམ་པ་ཚུལ་ཁྲིམས་སྙིང་པོ། ཁམས་སྟོན་ཕག་མོ་གྲུ་པ། ཀརྨ་པ་དུས་གསུམ་མཁྱེན་པ། འབབ་རོམ་དར་མ་དབང་ཕྱུག ཞང་འགྲོ་བའི་མགོན་པོ་སོགས་ཤིན་ཏུ་མང་པོ་སྤེལ། དྭགས་པོ་བཀའ་བརྒྱུད་ཀྱི་གདན་ས་གསར་དུ་བསྐྲུན། དྭགས་པོ་བཀའ་བརྒྱུད་ཅེས་མཚན་ཉི་ཟླ་ལྟར་གྲགས་པ་དེའང་དེ་དུས་ནས་དར། དེ་ནས་རིམ་བཞིན་བཀའ་བརྒྱུད་པའི་བསྟན་པ་བོད་དབུས་གཙང་ཁམས་གསུམ། སོག་པོ་དང་རྒྱ་ནག་བལ་པོ། འབྲུག འབྲས་ལྗོངས་སོགས་རྒྱལ་ཁབ་ཕྱི་ནང་ཀུན་ཏུ་དར་ཞིང་རྒྱས་

པར་གྱུར། རྗེ་སྒོམ་པ་བ་དྭགས་ལྷ་སྒམ་པོར་བྱོན་རྗེས། སྔོན་གྱི་བཀའ་གདམས་པའི་ཞྭ་སྐྱེ་རིང་གི་ལྟེ་བ་ཡན་བཅད་དེ་རླུམ་པོ་པད་འདབ་ལྷ་བུ་ཞིག་མནབས། རྗེས་སུ་སྒོམ་པ་ཚུལ་ཁྲིམས་སྙིང་པོས་ཞྭ་འདབ་བརྩེགས་ས་བཅོམ་སྐྱེ་མནབས། རྗེ་བླ་མས་དགྱེས་དགྱེས་མཛད་དེ་བཞིན་གསོལ་བས། ཕྱིས་སྒོམ་ཞྭ་ཞེས་བཀའ་བརྒྱུད་སྒོམ་ཆེན་ཡོངས་ཀྱི་ཐུན་མོང་གི་ཞྭ་ཅ་གྱུར། དགུང་ལོ་བདུན་ཅུ་དོན་ལྔ་བཞེས་པར་རབ་བྱུང་གསུམ་པའི་ཆུ་མོ་བྱ་ཡི་ལོ་སྤྱི་ལོ་༡༡༥༣ཟླ་བ་དྲུག་པའི་ཚེས་བཅོ་ལྔའི་སྔ་དྲོར་ཉི་མ་ཤར་བ་དང་མཉམ་དུ་སྐུ་གཤེགས།

一、创新者：达布大额迅倪（1079—1153）。创新项目：藏药十五味猛剂（又称达布曼那合）承师于集大成者米拉热巴之心徒达布索南仁钦（另尊称：达布大额迅倪），诞生于西藏山南念域吉庄，其父曰桑吉杰布，其母曰夏毛萨。自幼先后从师于天竺名医吉麦、藏巴拉杰、尼伯尔名医无忌、鬓吉名医等诸多佛学医学大师。首次创立了达布噶举派之道场，学徒主要有翁贡巴次成宁布、康东普毛智巴、嘎玛帝松钦巴、巴蓉达玛旺秋、象卓卫贡宝等名徒，此时正值达布噶举鼎盛时期。

DakpoDa'odShonnu(1079-1153), Innovated:Jonga Drakgyor, also called DakpoMangyor.

He was born in a place named Kyildrong south toLhasa in 1079 AD. His father was Sangje Gyalpo and mother was Shamo Zache. He was the second child of three in this family. For his outstanding intelligence he showed in his early childhood, he was picked up by his father out of other two children to pursue academic career. As custom went at that time in Tibet, he studied various popular sciences with focus on spiritual training and medicine particularly. His teachers at various time included Indian doctor Kyemed, with whom he studied Anatomy, and Tibetan doctor Usel, with whom he studied medicine theory.

At age of twenty five, the areasnear his village was plagued by smallpox, his two children died one after another from the disease and then his wife. This painful life experience made him determined and devoted his life to medical study and practice.

He had many students in study Tibetan medicine. The most successful ones included TsultramNyingpa, KhamtonPhakmodrub.

2. གཡུ་ཐོག་ཡོན་ཏན་མགོན་པོ། 宇妥云丹贡布 *Yuthok Yontangonpo*

གསར་གཏོད་མཛད་རྗེས་ཅན་གཞིས་པ། གཙུག་ལག་ཡོན་ཏན་མགོན་པོ།

གསར་གཏོད། གཙུག་ལག་སྒོ་འཕྲུལ་བརྩམས། སྒོ་སྨན་གསར་པ་མང་པོ་ཞིག་རྒྱས་འབྱིན་གནང་།

རབ་བྱུང་གཉིས་པའི་མེ་རྟ་སྤྱི་ལོ ༡༡༢༦ ལོར་གཙང་ཤང་སྟོད་སྒོ་བཞི་རེ་ཐང་དུ་འཁྲུངས། དགུང་ལོ་བརྒྱད་ཀྱི་སྟེང་གསོ་རིག་ལ་ཐུགས་གཞོལ་ཏེ་གསན་བསམ་མཛད་པས་མཁས་པར་གྱུར། དགུང་ལོ་བཅུ་གཉིས་ཐོག་མང་མཁར་ཚ་ལུང་བ་རོག་སྟོན་དཀོན་མཆོག་སྐྱབས་སྒོ་བཞི་རེ་ཐང་དུ་ཕེབས་སྐབས། རྟ་སྣ་སྲབ་དང་བཅས་པ་ཞིག་ཡོན་དུ་ཕུལ་ནས་དཔལ་ལྡན་རྒྱུད་བཞི་རྫོགས་པར་ཞུས། དགུང་ལོ་བཅོ་བརྒྱད་པ་ནས་རྒྱ་གར་ལ་རིམ་བཞིན་ཐེངས་དྲུག་ཕེབས་ཏེ་མཁའ་འགྲོའི་གཙོ་མོ་དཔལ་ལྡན་ཕྲེང་བ་དང་། དྲང་སྲོང་ཙ་ར་ཀ་སོགས་བསྟེན་ནས་དཔྱད་ཀྱི་གཞུང་ལུགས་ཐམས་ཅད་ཐུགས་སུ་ཆུད་པར་གསན་པས་མཁས་པའི་གྲགས་པས་ཕྱོགས་ཀུན་ལ་ཁྱབ་པར་གྱུར། རྡོ་རྗེ་གདན་དུ་པཎ་ཆེན་བརྒྱ་ཕྲག་དུ་མའི་ཚོགས་དཔོན་མཛད། སྐར་ཐོད་དུ་ཕེབས་ནས་ལུས་ཅན་དུ་མ་ན་བ་དང་འཆི་བ་ལས་སྐྱོབ་པར་མཛད་ཅིང་། དཔལ་ལྡན་རྒྱུད་བཞི་གསེར་མཆན་དང་། ཐོང་མཆན་གཉིས་བཏབ། གཞན་ཡང་ཡུལ་དུས་སོགས་དགོས་ཁྱད་ཀྱི་དབང་གིས་སྐབས་སུ་བབ་པའི་ཞལ་སྐོང་ཅི་རིགས་མཛད། རྒྱུད་ཀྱི་གཞུང་འགྲེལ་མན་ངག་ཁ་སྐོང་དང་བཅས་པའི་གོ་ཆོད་དུ་ཆ་ལག་བཅོ་བརྒྱད་ལེགས་པར་བསྒྲིགས་ནས་སྐལ་ལྡན་གྱི་ཐུགས་སྲས་ཡེ་ཤེས་གཟུངས་ལ་གདམས། རྗེ་འདི་ཉིད་ལ་རྒྱུད་འཛིན་གྱི་བུ་སློབ་གྲངས་ལས་འདས་པ་བྱུང་བའི་གཙོ་བོ་ནི་སུམ་

སྟོན་ཡི་ཤེས་གཟུངས་ཀྱིས་དབུ་མཛད་པའི་ལྷང་སྨན་ལེབ་སེ་དང་། འབལ་སྨན་ཉི་མ། སྟོན་པ་ཨ་ཚོས། ཤ་རམས་པ་ཉི་མ་དཔལ། གཡུ་ཐོག་བསོད་ནམས། སེང་གེ་དགེ་བཤེས་རོག་ཆུང་སོགས་མཁས་པ་མིང་དོན་མཚུངས་པ་སུམ་བརྒྱར་ཉེ་བ་བྱུང་། དགུང་ལོ་བདུན་ཅུ་རྩ་བདུན་སྟེང་དུ་ཐེབས་པ་རབ་བྱུང་གསུམ་པའི་ཆུ་ཁྱི་སྤྱི་ལོ་༡༢༠༢ ལོར་སྐུ་གཤེགས།

二、创新者：宇妥云丹贡布(1126—1202)。创新项目：撰述《宇妥草药纲目》，辨认增补了许多种草药药理。十二岁时，敬献马鞍缰一套给饶顿关却杰大师为悦礼，首次求得《四部医典》教言。曾先后六次赴天竺细研器械疗法，并对医典做了两次详释。心徒主要有松多叶西宋、白曼尼玛、东巴阿才、夏然巴尼玛呗、宇妥索南、桑格格西饶琼等名师，由此培育出三百多位后继者。

YuthokYontangonpo(1126-1202). His achievement included his book: Yuthok Herbal Medicine Compendium. He started to read and write at age of eight, and became versed in popular sciences at that time. At age of twelve, he got whole teaching of Four Tantras of Tibetan Medicine, for this, as the teaching-student relationship establishment went at that time, he had offered a whole set of horse harness to his teacher, Dr. RoktonKonchokkyab.

He went to India six time and studied surgical instruments there. He gave thorough commentary on Four Tantras twice. As a great teacher, he had many students, three hundreds of them became very famous, and they included: Sumton Yeshezung, Gyangm an Lebse, Balmannyima, TonpaAtse, Nyimapal, Yuthok Sodnam, Sangge Gesherokchung.

3. གྲུབ་ཆེན་ཨོ་རྒྱན་པ། 成道者额尖巴 Drubchen Ugyanpa

གསར་གཏོད་མཛད་རྗེས་ཅན་གསུམ་པ། གྲུབ་ཆེན་ཨུ་རྒྱན་པ།

གསར་གཏོད། དཔལ་རྒྱ་བསྒོ་བཀྲུའི་ལག་ལེན་ཆ་ཚང་། རབ་བྱུང་ལྔ་པའི་ས་ཕྱི་སྤྱི་ལོ༡༣༨༨ལོར་གཏྲ་བཀྱིའི་ཡང་སྲིད་དུ་རབ་བྱུང་རྫོ་རྗེ་དོས་འཛིན་གནང་། འདིར་བོད་དུ་ལྷ་མའི་ཡང་སྲིད་དོས་འཛིན་གནང་སྲོལ་ཚོག་མ་ཡིན།

མཚན་དངོས་རིན་ཆེན་དཔལ་ཞེས་གྲགས། འདིའི་གདུང་ནི་མདོ་སྨད་གཡར་མོ་ཐང་དུ་རྒྱུས་བྱང་ཆུབ་གཞོན་ནུ་ཐུ་བ་ཞིག་བྱུང་བ་དེ་སློབ་དཔོན་པདྨའི་དངོས་སློབ་དང་། རྒྱལ་པོ་ཁྲི་སྲོང་ལྡེའུ་བཙན་གྱི་མཆོད་གནས་སུ་གྱུར་པ་ཞིག་བྱུང་ཡོད་པ་དེའི་གདུང་རྒྱུད་ཡིན་·····ཞིང་། དེ་ནས་མི་རབས་དགུ་པ་དེ་གྲུབ་ཆེན་ཨུ་རྒྱན་པ་ཡིན། རབ་བྱུང་བཞི་བའི་ལྕགས་སྟག་ལོ་སྤྱི་ལོ༡༢༣༠ལོར་འཁྲུངས། མཚན་སེང་གེ་དཔལ་གསོལ། གཞོན་དུས་ཡབ་ཀྱིས་ཆུང་མ་ལེན་གྲབས་བྱས་པ་མ་བཞེས་ཤིང་རབ་ཏུ་བྱུང་། ལོ་བདུན་ནས་བཅུ་དྲུག་གི་བར་དུ་མ་ཕུར། བདེ་དགྱེས། ཕྱག་རྫོར། ཡོ་ག་ལ་སོགས་པའི་རྒྱུད་འགྲེལ། སྒྲུབ་ཐབས་ཕྱག་ལེན་དང་བཅས་པ་གསན་ཞིང་མཁས་པར་གྱུར། དགུང་ལོ་བཅུ་དྲུག་པར་པོ་དོང་ལ་བྱོན། ཆོས་རྗེ་རིན་ཆེན་རྩེ་མོ་ལས་མངོན་པ་གོང་འོག་ཚད་མ་རྣམ་ངེས། ཤེར་ཕྱིན་སོགས་གསན། དེ་ནས་འཆད་རྩོད་རྩོམ་གསུམ་ལ་འགྲན་ཟླ་མེད་པའི་གྲགས་པ་ཐོབ། དེ་ནས་ཆོས་རྗེ་གོད་ཚང་པ་དང་མཇལ་བས་དད་པ་ཐོབ། དེའི་མདུན་ནས་དགེ་བསྙེན་གྱི་སྡུང་སྡོམ་ཞུས། ཆོས་རྗེས་ཀ་ར་སྒོམ་པ་ཕྱུར་བུ་གང་གནང་བ་ཐམས་ཅད་གསོལ་བས་རྟེན་འབྲེལ་འགྲིག་སོང་། དཔྱོད་ལན་གཅིག་ངའི་རྫར་འོང་དགོས། ངས་ཕྱག་རྒྱ་ཆེན་པོ་བསྟན་པས་གྲོལ་བ་ལ་ཆོགས་མེད་གསུངས། དགུང་ལོ་ཉེ་ཤུ་པར་པོ་དོང་རིན་ཆེན་རྩེ་མོས་མཁན་པོ་དང་། ཞང་བསམ་གླིང་པས་སློབ་དཔོན། སློབ་དཔོན་བསོད་ནམས་འོད་ཟེར་གྱིས་གསང་སྟོན་མཛད་ནས་ཅིག་ཅར་བསྙེན་པར་རྫོགས། མཚན་རིན་ཆེན་དཔལ་གསོལ། དེ་ནས་བཟུང་ལོ་བཅུ

གཉིས་བར་སྟན་གཅིག་པའི་རྩལ་ཞུགས་བཟུང་ཞིང་ཤ་ཡང་མི་གསོལ། ཆོས་རྗེ་རིན་ཆེན་རྗེ་མོ་ལ་དུས་འཁོར་འཁྲིད་ལུགས་དང་། གོ་ལུང་པ་ལས་དུས་འཁོར་ཆགས་ལུགས་ལེགས་པར་བསླབས། རྗེས་ལ་སྦྱངས་པས་མཁས་པར་མཁྱེན། དེ་ནས་བདེ་ཆེན་སྟེང་དུ་ཆོས་རྗེ་ཕོད་ཚང་པའི་མདུན་དུ་ཕྱིན། དགོན་དེར་ཕེབས་པ་ཙམ་གྱིས་རོ་གཅིག་གི་རྟོགས་པ་འཁྲུངས། ཆོས་རྗེའི་དྲུང་དུ་བཀའ་བརྒྱུད་ཀྱི་གདམས་ངག་མཐའ་དག་གསན་ཞིང་ཇི་ལྟར་བཞིན་ཐུགས་ལ་འཁྲུངས། དེ་ནས་ཁོང་གིས་བདག་ཤམྦྷ་ལར་དུས་འཁོར་གྱི་དཀའ་གནད་མ་བདེ་བ་རྣམས་གཅོད་པ་ལ་འགྲོ་བསམ་པ་ཡོད་ཞུས་པས། བླ་མས། ཁྱོད་ཤམྦྷ་ལར་ལས་ཀྱི་འབྲེལ་བ་མེད། ལས་འབྲེལ་ཨོ་རྒྱན་ཡུལ་ལ་ཡོད་པས་དེར་སོང་གསུངས། ཡང་བླ་མས། ཁྱོད་མ་བདེ་བ་ཅི་འདྲ་བ་ཡོད་གསུངས་པ་ལ། འདི་དང་འདི་ཡོད་ཅེས་དཀའ་གནད་རྣམས་ཞུས་པས། བླ་མས་ངག་གི་ལན་ཇི་ལྟ་བུར་གསུངས། དེར་ཁོང་ཧ་ལས་ཏེ། ཆོས་རྗེ་རིན་པོ་ཆེས་དུས་འཁོར་ནི་མ་གསན། འདི་འདྲ་མཁས་པ་འོང་དོན་གང་ལགས་ཞུས་པར། བླ་མས། ང་ཕྱི་རིར་བསྡད་དུས་ཐུད་མེད་དམར་མོ་ཅིག་གིས་པོ་ཏི་ཅིག་བྱིན། དེ་མིད་པའི་སྣང་བ་བྱུང་པས། དེ་ནས་བོད་དུ་འགྱུར་བའི་ཆོས་ལ་མི་ཤེས་པ་མེད་པ་ཞིག་བྱུང་གསུངས། འོ་ན་བདག་ལ་དུས་འཁོར་གྱི་དབང་ཞིག་གནང་བར་ཞུ་ཞུས་པས། བླ་མས། སློབ་དཔོན་རྡོ་བརྩོན་རང་གསོལ་བ་ཐོབ་ལ་རྨི་ལམ་གཟུང་ཅིག་གསུངས། གསོལ་བ་བཏབ་པས་རྨི་ལམ་དུ་ཆོས་རྗེ་རིན་པོ་ཆེ་དེ་དུས་འཁོར་བ་སངས་རྒྱས་རྡོ་རྗེའི་ཆ་བྱད་དུ་མཛད་ནས་དུས······འཁོར་དབང་རྒྱས་པ་ཞིག་གནང་བྱུང་བ་རྨིས། ཕྱི་ཉིན་སྤྱུན་ཐར་ཕྱིན་པས། བླ་མས་སློབ་དཔོན་རྡོ་བརྩོན་ཐུགས་ཆོམ་མམ་གསུངས། ཤིན་ཏུ་ཆོམ་ལགས། དེ་འདྲ་བའི་ཕྱག་ལེན་མཁས་པ་སུ་ལས་བསླབས་ཞུས་པས། མཁའ་འགྲོ་མས་བསླབས་པ་ཡིན་གསུངས། དེ་རིང་ཨོ་རྒྱན་ཡུལ་དུ་འགྲོ་བ་ཞུས་ནས། དང་པོ་བྱུང་མི་མེད་ཀྱི་རི་ལ་བསྒྲུབ་པ་བྱས། ཐུགས་དམ་

ཤིན་ཏུ་འཕེལ་བས་སྔར་གྱི་ཆོས་བརྗོད་པ་ཐམས་ཅད་ཡང་དུ་དྲན་པ་སོགས། དེ་ནས་གངས་
ཏི་སེར་ཕྱིན་ཏེ་ཅུང་ཟད་བཞུགས། དེ་ནས་ལམ་གྲོགས་ལྔ་དང་བཅས་ཏེ་མར་ཡུལ་དང་།
ར་ཞུང་ནས་ལམ་ཐོན་ཏེ་ཛ་ལནྡྷ་ར་བར་ཕྱིན། དེ་ནས་ལམ་གྲོགས་གཞན་རྣམས་ཕྱིར་ལོག
དཔལ་ཡེ་དང་འགྲོགས་ནས་ཕྱིན་པས། ལམ་འཕྲང་གི་གནོད་པ་མང་པོ་བརྒལ། ཁྱད་པར་
དུ་སོག་པོའི་ཇ་པས་མགུལ་སྒོམ་ཐག་ཏུ་བཅུག་ནས་བསྡམས། སྐུ་ལུས་ལ་རྡོག་པས་བསྣུན་
ནས་བརྡུང་བར་ས་ལ་འགྲེལ་བ་དང་། དེ་མ་ཐག་བཞེངས་ཏེ་འོ་དོད་ཆེན་པོ་བོས་ཤིང་
ཞབས་བྲོ་མང་པོ་མཛད་པས། དེ་ལྟར་གཟུགས་ཅན་མི་དང་གཟུགས་མེད་ལྷ་འདྲེའི་གནོད་
པ་ཐམས་ཅད་བརྟུལ་ཞུགས་ཀྱིས་ཟིལ་གྱིས་མནན་ཏེ། ཨུ་རྒྱན་ཧྭ་མ་ཐ་ལའི་གྲོང་དུ·····
སླེབས། དེར་རྡོ་རྗེ་རྣལ་འབྱོར་མ་སྨད་འཚོང་མའི་བུ་མོའི་གཟུགས་སུ་བྱས་པ་ཅིག་གིས་
ཚོད་མ་ཕོར་གང་བྱིན་ཞིང་། བྱིན་གྱིས་བརླབས་པས་ལས་སྒྲིབ་ལྷག་མ་ཐམས་ཅད་ཟད།
རྡོ་རྗེ་གསུམ་གྱི་དོན་ཇི་ལྟ་བ་བཞིན་ཐུགས་ལ་འཁྲུངས། རྡོ་རྗེ་རྣལ་འབྱོར་མ་ཉིད་ཀྱི་སྐུར་
བསྟན་ནས་ཞལ་གྱི་གདམས་པ་ཡང་གནང་། དཎྜལ་ཆུ་བཙོ་བརྒྱ་ཆེན་མོའི་ཕྱག་ལེན་ཆ་
ཚང་གནང་བ་ཞུས། དེ་ནས་ཁ་ཆེ་བརྒྱུད་དེ་ཕྱིར་བོད་དུ་ཕེབས་པའི་ལམ་བར་ཁ་ཆེ་རྒྱལ་
པོས་གསོད་མི་སུམ་ཅུ་ཙམ་ཞིག་མངགས་པ་དང་། ལམ་དུ་འཕྲད་ཀྱང་གྲོགས་མཆེད·····
གཉིས་ཀ་ཅི་ཡང་མ་ཉེས་པར་ཐར། བོད་དུ་ཕེབས་པ་དང་ཆོས་རྗེ་གོད་ཚང་པ་གཤེགས
ཟིན་ཞིང་། རྟེན་ལ་སོགས་པ་མི་བཞེངས་པའི་བཀའ་ཕེབས་གནང་ཡོད་ཀྱང་། ཕོང་དེའི་
ཕོངས་སུ་མེད་གསུངས་ནས་རྟེན་བཞེངས་ཡང་འགའ་ཞིག་མཛད། དེ་ནས་དགུང་ལོ་སོ་
གཉིས་པ་རབ་བྱུང་བཞི་པའི་ལྕགས་བྱ་སྤྱི་ལོ༡༢༦༡ལོར་རྒྱ་གར་རྡོ་རྗེ་གདན་དུ་ཕྱིན། བྱང་
ཆུབ་གཟིགས་པ་ཀུན་རྫོབ་བྱང་ཆུབ་ཀྱི་སེམས་བཅོས་མ་མ་ཡིན་པ་ཐུགས་ལ་འཁྲུངས།
སྔར་གོད་ཚང་པའི་ཞལ་ནས། ད་སྟེ་ལོ་བཅུ་གཉིས་ན་ཕྱེད་ལ་དགེ་སྦྱོར་བཤད་མ་ཅིག་སྐྱེ་

གསུང་བ་འདི་ཡིན་པ་འདུག་དགོངས་པ་བྱུང་། དུད་ཁྲིད་བསིལ་བའི་ཚལ་དུ་བཞུགས་
པས་གཞི་བདག་གིས་ཀློག་པ་བཏང་བྱུང་བ་ཀློག་པ་གྲིས་བཅད་དེ་བོར། འཁྲུལ་འཁོར་
མཛད་པས་རྨ་ཁ་དེ་མ་ཐག་ཏུ་སོས་ཐུབ་པར་བྱུང་། རྡོ་རྗེ་གདན་དུ་མགོན་པོ་ཚོགས་····
བདག་གིས་ཚོ་འཕྲུལ་ཆེན་པོ་བསྟན་ཡང་མ་ཚུགས་པ་ཡོན་བདག་ཏུ་ཁས་བླངས། དེ་ནས་
བཟུང་སྟོང་ཉིད་དང་སྙིང་རྗེ་ཡ་མ་བྲལ་བ་ཞིག་བྱུང་བས་སེང་གེ་ལྷ་བུའི་རྣལ་འབྱོར་པ་
ཆེན་པོར་གྱུར། སྤྱན་གྱིས་གཟིགས་ཙམ་དང་། དབུགས་པས་བསྣུན་ཙམ་གྱིས་ནད་གདོན་
མཐའ་དག་སོས། ལྷ་འདྲེ་མི་གསུམ་ཟིལ་གྱིས་མནན་ཐུབ་པར་བྱུང་། དེ་ནས་ཚུར་བོད་དུ་
ཕེབས་ནས་དབུ་གཡོར་གཉིས་དང་། གཉལ་ལོ་རོ། མཚོ་སྣ་སོགས་ལ་ཕེབས། དགུང་ལོ་ང་
དགུ་པ་རབ་བྱུང་ལྔ་པའི་ས་བྱི་སྤྱི་ལོ ༡༢༨༨ ལོར་ཀརྨ་པཀྵིའི་ཡང་སྲིད་དུ་རང་བྱུང་རྡོ་རྗེ་
ངོས་འཛིན་གནང་། འདིར་བོད་དུ་བླ་མའི་ཡང་སྲིད་ངོས་འཛིན་གནང་སྲོལ་ཐོག་མ་ཡིན།
དགུང་ལོ་རེ་གསུམ་པ་རབ་བྱུང་ལྔ་པའི་ཆུ་འབྲུག་སྤྱི་ལོ ༡༢༩༢ ལོར་རྒྱལ་པོ་གོ་པེ་ལེས་
སྤྱན་དྲངས་ཏེ་ཧོར་ཡུལ་དུ་ཕྱིན། རྒྱུ་རིན་པོ་ཆེ་འབབ་ཞིག་པས་དཀྱིལ་འཁོར་རྡུལ་ཚོན་
བཀོད་དེ་རྒྱལ་པོ་ལ་དུས་འཁོར་གྱི་དབང་བསྐུར། དེ་ནས་མགྱོགས་པོར་བོད་དུ་འབྱོན་
རྩིས་མཛད་པ་ལ། རྒྱལ་པོས་བཞོལ་བཏབ་ཀྱང་། གྲུབ་ཆེན་གྱི་ཞལ་ནས། ངའི་སྒྲ་བོ་དོང་
རིན་ཆེན་རྩེ་ལ་བཅད། གསོལ་བ་རྒོད་ཚང་པ་ལ་འདེབས། ལྷ་ཡི་དབང་པོ་བརྒྱ་བྱིན་
མདུན་དུ་བྱུང་ཡང་། ཐོད་པ་བགས་ནས་ཀླད་པ་ཐུག་སྐམ་པ་མིན་པ་མེད་ཅེས་པའི····
གསུང་གིས་ཟིལ་གྱིས་མནན་པས་རྒྱལ་པོ་སྤྱན་ཆབ་མང་དུ་བྱུང་། རྒྱ་ཡུལ་ནས་དངོས་པོའི་
བཟུང་བ་ཁབ་ཙམ་ཡང་མེད་པར་ཕྱིར་བོད་དུ་ཕེབས། དགུང་ལོ་བརྒྱད་ཅུ་པ་རབ་བྱུང་ལྔ་
པའི་ས་སྤྲེ་སྤྱི་ལོ ༡༣༠༨ ལོར་སྐུ་གཤེགས། འདི་ནི་བོད་ཀྱི་ལོ་རྒྱུས་ཐོག་འབྲུག་པ་བཀའ་
བརྒྱུད་ཀྱི་བླ་མ་སྙན་གྲགས་ཆེ་བ་ཞིག་ཡིན་པར་མ་ཟད། ཀརྨ་བཀའ་བརྒྱུད་པའི་གསེར་

ཕྱེང་ནང་གི་བླ་བརྒྱུད་ཅིག་ཡིན།

三、创新者：成道者额尖巴（1230—1309）

创新项目：“汞”炮制法原理和炮制工艺（“佐太”）发明者和藏传佛教界转世灵童创始人。十六岁起力拜仁钦泽毛大师和至尊郭仓巴、卧冬等大师，潜心研习俱舍论、因明学、渡类学、时轮学、大印手法、金刚瑜伽法，遂成噶举派名副其实的瑜伽大师，相传该大师亲睹抑或棍击瞬间将根除顽疾。藏历第五热迥土鸡年（1288年），被认定为嘎玛巴合曲之转世，从此开创了藏传佛教界认定转世灵童的先河。公元1292年，应忽必烈之邀前往内地，给众生授予时轮灌顶，返藏时未曾携有丝毫钱财。后被誉为噶举派金链传承师之一。

Drubchen Ugyanpa (1230-1309). He establish the principle of processing Mercury into medicine.

At age of sixteen, with master Rintsemo he studied Abhidarma, Logic(Pramana), Prajnaparamita, Kalachakra(Time-wheel), Mahamudra, Prajanaparamita Yoga. His achievement in Buddhistic practice gave him the credit as the greatest master of Kagyu School. In 1288, he was recognized as the reincarnation of Karma Kichu, this is the start of reincarnation system in Tibetan Buddhism. He was later invited by Kublai Khan, and tried to disseminate Kalachakra empowerment there. He returned Tibet pennilessly, and considered as one of the great masters in Karma Kagyu Traditions.

4. ཀརྨ་པ་རང་བྱུང་རྡོ་རྗེ།　嘎玛巴让雄多杰　Rangshuang Dorjee

གསར་གཏོད་མཛད་རྗེས་ཅན་བཞི་པ། ཀརྨ་པ་སྐུ་ཕྲེང་གསུམ་པ་རང་བྱུང་རྡོ་རྗེ།

གསར་གཏོད། སྨན་མིང་རྒྱ་མཚོ་བརྩམས། སྔོ་སྨན་དང་རྡོ་སྨན་བརྒྱ་ཕྲག་ངོས་འཛིན་གནང་།

རབ་བྱུང་ལྔ་པའི་ཤིང་སྤྲེལ་སྤྱི་ལོ ༡༢༨༩ ལོར་ལ་སྟོད་མང་ཡུལ་གུང་ཐང་གི་རྩ་ཕུ་གྲོང་དུ་སྐུ་འཁྲུངས། དགུང་ལོ་གསུམ་ལོན་པའི་ཚེ་ཕྱིང་པ་ནག་པོས་ཞྭ་འདི་འདྲ་ཞིག་བཟོ་དགོས་གསུངས་པ་དེ་བཞིན་བཟོས་པའི་ཞྭ་ནག་ཞིག་མནབས། རྡོའི་ཁྲི་སྟེང་དུ་བཞུགས་ནས་གྲོང་གི་བྱིས་པ་གཞན་རྣམས་ལ་ཆོས་གསུང་ཚུལ་གྱིས་རྩེད···མཛད་པ་གང་སྐུ་གསུམ་ངོ་སྤྲོད་ཀྱི་ཚིག་ཅི་རིགས་གསུང་བར་མཛད། དགུང་ལོ་ལྔ་ལོན་པའི་སྐབས་སུ་ཡབ་ཡུམ་གཉིས་ཀྱིས་ཇ་མ་བཙོང་ཞོར་དུ་མཚུར་ཕུར་འཁྱེར། གྲུབ་ཆེན་ཨོ་རྒྱན་པས་བྱིས་པ་ངོ་མཚར་ཅན་དེ་ལ་རྟེན་འབྲེལ་གྱིས་བསུ་བ་དང་། ཁྲི་ཐོག་ཏུ་གདན་དྲངས་པས་ཤད་ཀྱིས་བྱོན་ནས་བཞུགས། ཁྱོད་སུ་ཡིན་དྲིས་པས། ང་ཀརྨ་པ་ཡིན་གསུངས་པ་སོགས་སྔར་བླ་མའི་ལུང་དང་། བྱིས་པའི་ངོ་མཚར་གྱི་རྟགས་སོགས་ལ་བརྟེན་ནས་གྲུབ་ཆེན་ཨོ་རྒྱན་པས་བྱིས་པ་དེ་རང་གི་བླ་མའི་ཡང···སྲིད་ཡིན་པར་ངོས་འཛིན་ཅིང་མཚན་རང་བྱུང་རྡོ་རྗེ་ཞེས་གསོལ། འདི་བོད་དུ་རང་གི་བླ་མའི་ཡང་སྲིད་ངོས་འཛིན་བྱེད་པའི་སྲོལ་ཐོག་མ་ཡིན། དེ་ནས་བཟུང་ཀརྨ་པ་སྐུ་ཕྲེང་རིམ་བྱོན་རྣམས་བྱུང་ཡོད། གྲུབ་ཆེན་ཨོ་རྒྱན་པའི་མདུན་ནས་སློབ་གཉེར་གཙོ་བོར་གནང་བར་གཞིར་བཅས། བླ་མ་ཤེས་རབ་རྒྱལ་མཚན་སོགས་ལས་བདེ་དགྱེས་ལ་སོགས་སྔགས་གསར་མའི་རྒྱུད་སྡེ་སོགས་གཞུང་བཀའ་པོད་ལྔ་ལ་མཁས་པར་སྦྱངས་པས། མདོ་སྔགས་རིག་གནས་དང་བཅས་པ་ལ་མཁས་པའི་མཚན་

སྨན་རྒྱུས། རབ་བྱུང་དྲུག་པའི་ས་འབྲུག་སྤྱི་ལོ༡༣༢༨ལོར་ཁོང་གིས་བོད་ཀྱི་བྱང་ཕྱོགས་སོག་ཆུ་ཁར་ལྕགས་ཟམ་བརྩིགས། དུས་དེར་འཛམ་གླིང་སྤྱི་བསང་ཞེས་པའི་བསང་ཡིག་འདི་བརྩམས། རབ་བྱུང་དྲུག་པའི་ཆུ་སྤྲེལ་སྤྱི་ལོ ༡༣༣༢ ལོར་ཧོར་རྒྱལ་ཐོ་གན་ཐེར་སྨུས་གདན་ཞུས་ལྟར་ཧོར་ཡུལ་དུ་ཕེབས། བོད་དང་རྒྱ་ཡུལ་གྱི་ལམ་བར་འགྲོ་དོན་རྒྱ་ཆེན་གནང་། རབ་བྱུང་དྲུག་པའི་ས་ཡོས་སྤྱི་ལོ༡༣༣༩ལོར་དགུང་ལོ་ང་དྲུག་སྟེང་སྐུའི་ཡང་སྲིད་ཀོང་པོ་རུ་འབྱུང་བར་ལུང་བསྟན་ཞིང་རྒྱ་ནག་པེ་ཅིན་དུ་སྐུ་གཤེགས།

四、创新者：三世嘎玛巴让雄多杰（1284—1339）

创新项目：编撰藏医药学专著《药名浩海》，经识别辨认并增补了100种草药、植物药、矿石药的入药原理。成道者额尖巴大师将其认定为上师嘎玛巴合曲之转世，赐名为让雄多杰。先后从师于额尖巴、喜饶尖参、格西杰巴瓦、年热戈登本、格登仁钦、西甲迅倪等大师，习研密宗续部和宁玛派修持法类。公元1328年，修建北域索曲河铁桥，为此专著《寰宇供词》。公元1332年，应元帝托干贴木耳之邀曾先后两次进京，公元1339年圆寂于北京。

RangshungDorjee (1284-1339), He was the third Karma Kagyu Master in its own lineage system. He wrote The Ocean of Medicine Names, added more than one hundred Herbal, mineral and woody plants onto Tibetan Materia Medica Compendium after his recognition of their therapeutic ingredients.

He was also recognized as one of the reincarnations of Karma Kagyu traditions. In 1328, he built an iron bridge over a river in Northern Tibet. In the same year he wrote Global Purifier. He was invited to Beijing by the tenth Mongol Emperor and died there in 1339.

5. ཐང་སྟོང་རྒྱལ་པོ། 汤东加布 *Thangtong Gyatso*

གསར་གཏོད་མཛད་རྗེས་ཅན་ལྷ་པ། ཐང་སྟོང་རྒྱལ་པོ།

གསར་གཏོད། གྲུབ་ཐོབ་རིལ་དཀར་སོགས་རྒྱུན་སྤྱོད་ཀྱི་རིམས་འགོག་སྨན་སྦྱོར་ཁ་ཤས་ཡོད།

རབ་བྱུང་དྲུག་པའི་ལྕགས་སྟག་སྤྱི་ལོ་༡༣༦༡ལོར་གཙང་སྟོད་ངམ་རིང་རྫོང་གི་འོལ་དཀར་ལྷ་རྩེར། ཡབ་རྡོ་རྗེ་རྒྱལ་མཚན་དང་། ཡུམ་རྒྱ་ཐར་ལྷ་མོ་གཉིས་ཀྱི་སྲས་སུ་འཁྲུངས། ཆུང་དུས་ནས་བྱང་སྡིངས་སུ་ཆོས་སྐྱོང་དཔལ་བའི་དྲུང་ནས་ཀློག་འདོན་བསླབས། མི་རིང་བར་མཁས་པར་གྱུར། བྱང་སྡིངས་དགོན་དུ་ཉི་མ་སེང་གེའི་དྲུང་དུ་རབ་ཏུ་བྱུང་། མདོ་སྟོད་སྐྱ་རའི་དགོན་དུ་བཀའ་ལྷ་པ་ཤེས་རབ་དཔལ་འབྱོར་གྱི་དྲུང་ནས་བསྙེན་རྫོགས་ཞུས། མཚན་བརྩོན་འགྲུས་བཟང་པོར་གསོལ། ངམ་རིང་ཆོས་སྡེ་ཙ་མཁས་པ་བློ་གྲོས་རྡོ་རྗེ་དང་། དགོན་མཆོག་དར་ལས་གཞུང་ལུགས་མང་པོ་སྦྱངས། དེ་ནས་སྒྲུབ་པས་གྲུབ་པ་ཐོབ་སྟེ་ཤངས་ཆོས་གདམས་ངག་ཐམས་ཅད་གྲུབ་ཆེན་ཐང་སྟོང་རྒྱལ་པོ་ལ་ཡེ་ཤེས་ཀྱི་མཁའ་འགྲོ་མས་དངོས་སུ་ཞལ་བསྟན་ཏེ་གསུངས་པའི་ཉེ་བརྒྱུད་རིམ་པ་གསུམ་བྱུང་བ་ནི། དང་པོ། གཙང་གི་རི་བོ་ཆེར་ནི་གུ་མ་དངོས་སུ་སྟོན་ཏེ། ཆོས་དྲུག་དང་། ཕྱག་ཆེན། ལམ་ཁྲིད། འཆི་མེད། བླ་མ་མགོན་པོ་དབྱེར་མེད་རྣམས་ཀྱི་གདམས་ངག་གི་ཁྲིད་གནང་། གཉིས་པ། མདོ་སྨད་སྲིད་རྫོང་ཤུག་སྡོང་གི་རྩ་བར་གོང་གསལ་ཆོས་དྲུག་སོགས་སོ་སོའི་དབང་ཐོབ། གསུམ་པ། མཁའ་སྤྱོད་ཀྱི་གདམས་པ་ཡི་གེ་མེད་པའི་བརྡ་ཐབས་སུ་བྱུང་བ་བཅས་བཀའ་བབས་སྔ་ཕྱི་བར་གསུམ་དུ་བྱུང་བ། དེའི་ཆོས་རྒྱུན་ད་ལྟའི་བར་བྱུང་བ་ལ་དཔལ་ལྡན་ཤངས་པ་བཀའ་བརྒྱུད་ཀྱི་ཉེ་བརྒྱུད་གདམས་ངག་ཅེས་ཟེར། དེ་ནས་རྒྱ་

གར་ནག་དང་། དབུས་གཙང་ཁམས་གསུམ་དུ་ཕྱིན། འཛུགས་སྐྲུན་སྐོར་ལ་རབ་བྱུང་བདུན་པའི་མེ་སྟག་སྐྱི་ལོ་༡༤༤༦ལོར་བཞེངས་པའི་སྡེ་དགེ་ཐང་རྒྱལ་ལྷ་ཁང་སོགས་དང་། ལྷ་སའི་ལྕགས་ཟམ་སོགས་དབུས་གཙང་ཁམས་གསུམ་དུ་ལྕགས་ཟམ་ལྔ་བཅུ་ང་བརྒྱད། གྲུ་ཆེ་ཆུང་བརྒྱ་དང་བཅོ་བརྒྱད། ཤིང་ཟམ་དྲུག་ཅུ་ཐམ་པ་བཅས་བཙུགས། ཟློས་གར་གྱི་སྐོར་ལ་ལྷ་མོ་འཁྲབ་སྟོན་སྲོལ་འབྱེད་པ་དང་། གསོ་རིག་སྐོར་ལ་གྲུབ་ཐོབ་རིལ་དཀར་དང་། དམར་ཆེན་རིལ་བུ་སོགས་ཞི་བྱེད་དང་། སྦྱོར་བྱེད་ཀྱི་སྨན་སྦྱོར་གསར་གཏོད་གནང་བ་སོགས་མདོར་ན་བོད་འབངས་ཕལ་པའི་འཚོ་བ་ལ་ཕན་པའི་མཛད་འཕྲིན་མང་པོ་སྤེལ་ནས་མཐར་དགུང་ལོ་བརྒྱ་དང་ཉེར་ལྔ་པ་རབ་བྱུང་བརྒྱད་པའི་ཤིང་སྦྲུལ་སྐྱི་ལོ་༡༤༨༥ལོར་སྐུ་གཤེགས།

五、创新者：汤东加布（1361—1485）

创新项目：洁白丸等几种常用藏药成药。幼时起随却迥白大师、尼玛桑格、罗哲多杰、官却达尔等大师，遂修持成道，彻悟噶举派近承秘诀。公元1446年，始修德格唐杰寺庙，所修铁桥58座、大小渡船118艘、木桥60座；开创了拉毛藏戏的表演；藏医药学方面主要创制了洁白丸和大红丸等。

Thangtong Gyapo(1361—1485). He created Drubthob White pill.

He was born in 1561; his father was called Dorjee Gyaltsen and mother as Gyathar Lhamo. As the educational legacy went at that time, this master also studied most of the must disciplines of Tibetan culture with famous teachers and masters in his time. The teachers include: Chekyong Palwu, Nyima Lhozang, Lhodre Dorje, Sherab Palgyor. In 1446, he built Thanggya Lhakang in Dhege Monastery. He totally in his life built fifty eight iron bridges, one hundred eighteen ferries, and sixty wood bridges. His main contributions in Tibetan medicine are White Pill and Red Pill; they are still in use in current time, they are the most popular pills amongst Tibetan medicine users.

6. བྱང་པ་རྣམ་རྒྱལ་གྲགས་བཟང་། 象巴南杰智巴 *Shanpa Namgyal Drakzang*

གསར་གཏོད་མཛད་རྗེས་ཅན་དྲུག་པ། བྱང་པ་རྣམ་རྒྱལ་གྲགས་བཟང་།

གསར་གཏོད། སྨན་གཞུང་རིན་ཆེན་སྒྲོམ་བུ་བརྩམས་གནང་བ་དང་སྨན་སྦྱོར་གསར་པ་བརྒྱ་ཕྲག་ཙམ་ཡོད།

རབ་བྱུང་བདུན་པའི་ཤིང་ཕག་སྤྱི་ལོ ༡༣༩༥ ལོར་གཙང་ངམ་རིང་གི་རྒྱལ་སྡེ་ཆེན་པོར་ཡབ་ཆོས་གྲགས་དཔལ་བཟང་དང་ཡུམ་འབུམ་སྐྱོང་རྒྱལ་མོ་གཉིས་ཀྱི་སྲས་སུ་སྐུ་འཁྲུངས། དགུང་ལོ་བཞི་ལྔ་ནས་ཡི་གེ་འབྲི་ཀློག་སྦྱངས་པས་ཐོགས་མེད་དུ་མཁྱེན། དགུང་ལོ་བཅུའི་ཐོག་པཎ་ཆེན་ནགས་ཀྱི་རིན་ཆེན་དང་། བོ་དོང་ཕྱོགས་ལས་རྣམ་རྒྱལ་སོགས་མཁས་དབང་དུ་མའི་ཞབས་ལ་གཏུགས་ནས་མདོ་སྔགས་དང་ཁྱད་པར་འཆི་མེད་འཁྲུལ་འཁོར་དང་། གཙོ་གདམས་པའི་རླུང་སྦྱོར་སོགས་གསོ་བ་རིག་པ་དང་དཔལ་དུས་ཀྱི་འཁོར་ལོའི་སྐོར་སོགས་ལ་སྦྱང་བརྩོན་དཔྱིས་ཕྱིན་པར་མཛད། གསུང་རྩོམ་ཡང་ནང་རིག་པའི་སྐོར་བསྡོད་ཚོགས་དང་། སྐྱབ་དཀྱིལ་སོགས་ཁྲིན་བསྒོམས་ལེ་ཚན་བརྒྱ་དང་གསུམ་བཞུགས་པ་དང་། དེ་བཞིན་སྒྲ་རིག་པ། བཟོ་རིག་པ། སྐར་རྩིས་སོགས་དང་། ཁྱད་པར་དུ་གསོ་བ་རིག་པའི་སྐོར་ལ་ཡན་ལག་བརྒྱད་པ་ཐམས་ཅད་ཀྱི་སྙིང་པོ་བསྡུས་པ། ཡིད་བཞིན་ནོར་བུ་རིན་པོ་ཆེ་བྱ་བའི་བསྟན་བཅོས་ལེའུ་བརྒྱ་དང་ཉེ་ཤུ་ཡོད་པ་ཞིག་དང་། རྩ་བའི་རྒྱུད་ཀྱི་བཤད་པ་རྒྱུད་དོན་གསལ་བྱེད་སྒྲོན་མེ། བཤད་རྒྱུད་ཀྱི་རྒྱ་ཆེར་འགྲེལ་པ་བདུད་རྩི་ཆུ་རྒྱུན། ཊཱི་ཀ་ཚུང་དོན་གསལ། ཕྱི་རྒྱུད་ཀྱི་དཀའ་འགྲེལ་དགོས་འདོད་འབྱུང་བ། སྨན་གཞུང་རིན་ཆེན་སྒྲོམ་བུ། རྒྱུད་བཞིའི་དཀའ་འཕྲང་སྲུན་སེལ། གསོ་ཐབས་སུམ་བརྒྱ་དྲུག་ཅུའི་ངོས་འཛིན། རྩ་བཤད་གསལ་བའི་སྒྲོན་མེ། རྩིས་ཀྱི་བསྟན་བཅོས་བྱེས་པ་བདེ་འཇུག

གྲུབ་རྟགས་ཆེན་མོ། གསལ་བྱེད་ཡིད་བཞིན་ནོར་བུའི་ཕྲེང་བ། གཟའ་འཛིན་བརྟག་པ་དགའ་བའི་གནས་ཤིན་ཏུ་རྒྱས་པར་བཤད་པ་ལ་སོགས་བསྟན་བཅོས་མང་པོ་གསར་རྩོམ་གནང་། ཐུགས་སྲས་མི་ཡི་ཉི་མ་མཐོང་བ་དོན་ལྡན་སོགས་སློབ་རྒྱུད་མང་དུ་བསྐྱངས། ཐུན་མོང་མ་ཡིན་པའི་བྱང་ལུགས་ཀྱི་ཁྱད་ཆོས་རྣམས་རིམ་བཞིན་བོད་ཁམས་ཡོངས་ལ་དར་འཕེལ་བྱུང་བ་སོགས་ཕྱག་རྗེས་རླབས་ཆེན་འཛོག་གནང་མཛད་མཐར་དགུང་ལོ་བརྒྱད་ཅུ་རྩ་གཅིག་པ་རབ་བྱུང་བརྒྱད་པའི་ཤིང་ལུག་སྤྱི་ལོ་༡༤༧༥ལོར་སྐུ་གཤེགས།

六、创新者：象巴南杰智巴（1395—1475）

创新项目：编撰藏医药学专著《药理学宝柜》，创制了几十种藏药成药和“象派疗法”。幼年十岁起，曾先后力拜班禅那吉仁钦、沃东巧理南杰、五世白角喜饶、桑格尖参、仁钦白桑、天竺堪钦夏日普扎等大师，细研佛教显密和延年益寿秘法以及脉气通顺法，尤其彻悟时轮大法秘诀。专著有祈颂类、修持坛城类、上师本纪类、梵文学类、建筑学类、天文学类。藏医学类专著有《八支心经概要》《续部释炬》《论述续广释》《释略》《后补续疑难疏》《药理学宝柜》《四部医典疑解》《三百六十疗法》《脉论明炬》等，以此将独特的“象派疗法”推广到整个藏区。

Shanpa Namgyal Drakzang(1395-1478).

He was born in 1359, his father was Chedrak Palzang and mother was Bumkyong Gyalmo. He wrote the medical book Manshung Rinchen Dronwu, he added more than ten prescriptions to the already-existing ones in this book. He was not only prominent in Tibetan medicine but also in religious study. He studied with contemporary master, like Wodong Shoklenamgyal, Ngawa Palgyorsherab, Sengge Gyaltsen, Rinchen Palzang, and an India teacher named Sharriphudra.He studied and practiced longevity,Yoga,and Karachakra. He totally wrote in his life about one hundred and twenty books. ShanpaNamgyal Drakzang was also one of the initiators of the Tibetan medical thought schools, respectively named as Zurluk, or Zur System, and the Shangluk or Shang System.He was represented as the representative of Shangluk.

7. ཟུར་མཁར་མཉམ་ཉིད་རྡོ་རྗེ། 宿喀念木倪多杰 Zurkhar NyamnyiDorjee

གསར་གཏོད་མཛད་རྗེས་ཅན་བདུན་པ། ཟུར་མཁར་མཉམ་ཉིད་རྡོ་རྗེ།

གསར་གཏོད། མན་ངག་བྱེ་བ་རིང་བསྲེལ་བརྩམས་ནས་སྨན་སྦྱོར་གསར་པ་བརྒྱ་ལྷག་ཙམ་བྱུང་འདུག

མཚན་གཞན་ཟླ་སྒྲ་མི་དང་ཨ་པོ་ཆོས་རྗེ་ཡང་ཞུ། རབ་བྱུང་བདུན་པའི་ས་ལུག་སྤྱི་ལོ ༡༤༣༩ ལོར་ཤར་དྭགས་པོའི་ས་ཆའི་ཐོག་ཟུར་མཁར་དུ་སྐུ་འཁྲུངས། ཐུན་མིན་དང་ཐུན་མོང་གི་རིག་གནས་སྤྱི་དང་གསོ་བ་རིག་པ་རྒྱལ་དུ་ཐོན་པར་སྦྱངས། གསུང་རྩོམ་དཔལ་ལྡན་རྒྱུད་བཞིའི་འགྲེལ་ཆེན་བོད་ཤལ་ཁྲ་མོ། རྒྱུད་ཀྱི་དཀའ་གནད་རྣམས་ལ་དྲི་ཆོག་དཔྱལ་དཀར་མེ་ལོང་སོགས་མང་དུ་མཛད། ཤར་ཕྱོགས་མཛོད་དགའ་ཞེས་བྱར་གཉལ་ལོར་བྱར་གསུམ། ཨེ་ཉང་ཀོང་གསུམ་བཅས་ཀྱི་སྨན་པ་ཐམས་ཅད་བསྡུས་ཏེ་རིན་ཆེན་འཁྲུངས་དཔེའམ་སྨན་ངོ་གསལ་བྱེད། རོ་ནུས་ལྡུགས་ཀྱི་ཕྲེང་བ། བདུད་རྩིའི་གཏེར་མཛོད་སོགས་སྨན་གྱི་རོ་དང་། ནུས་པ། ཞུ་རྗེས། ངོ་བོ། ངེས་ཚིག བྱེད་ལས་བཅས་གཏན་ལ་འབེབས་པའི་བསྟན་བཅོས་བརྩམས། དགུང་ལོ་སུམ་ཅུ་སོ་བདུན་ཤིང་ལུག་སྤྱི་ལོ ༡༤༧༥ ལོར་འདས།

七、创新者：宿喀念木倪多杰（1439—1475）

创新项目：编撰藏医药学《秘诀类百万舍利》专著，创制了百余藏药成药和“宿派疗法”。著有《具德四部医典详释》《续部疑难释词》《药理挂图》《味感铁链》等详述藏医药药理学专著，将独特的“宿派疗法”理论渐趋体系直至日臻完整。

Zurkhar Nyamnyi Dorjee(1439-1475) He innovated more than one hundred prescriptions and included them in his book on Tibetan medicine: Manngak Shewa Rangsel. He also wrote a commentary on Four Tantras. Zurkhar Nyamnyi Dorjee was also one of the initiators of the Tibetan medical thought schools, respectively named as Zurluk, or Zur System, and the Shangluk or Shang System. He is the representative of Zurluk.

8. ཟུར་མཁར་བློ་གྲོས་རྒྱལ་པོ།　宿喀罗哲杰布　Zurkhar Nhodregyalpo

གསར་གཏོད་མཛད་རྗེས་ཅན་བརྒྱད་པ། ཟུར་མཁར་བློ་གྲོས་རྒྱལ་པོ།

གསར་གཏོད། བོད་སྨན་སྦྱོར་སྡེབ་ཀྱི་རྫས་གཞི་འབྱུང་བ་བཞི་འི་རྫས་རིགས་ལ་ཞིབ་འཇུག་གནང་སྟེ་འབྱུང་བཞི་འི་རྫས་རིགས་ནང་གསེས་ཀྱི་དབྱེ་བ་བཞི་ཁྲི་དྲུག་སྟོང་དྲུག་བརྒྱ་ད་བཞི་ཅན་མཛད།

ཟུར་མཁར་མཉམ་ཉིད་རྡོ་རྗེ་དང་གདུང་རྒྱུད་གཅིག་སྟེ། རབ་བྱུང་དགུ་པའི་ས་སྦྲུལ་སྤྱི་ལོ་༡༥༠༩ ལོར་སྐུ་འཁྲུངས། ཆུང་ངུའི་དུས་ནས་ཐུན་མིན་དང་ཐུན་མོང་གི་རིག་གནས་རྣམས་གསན། ཁྱད་པར་དུ་གསོ་བ་རིག་པར་འཆད་རྩོད་རྩོམ་གསུམ་གང་ལའང་ཐོགས་པ་མེད་པར་གྱུར་ཏེ། ཟུར་མཁར་གོང་མའི་བཞེད་པ་གཙོ་བོར་བསྟན་ནས་རྩ་རྒྱུད་དང་། བཤད་རྒྱུད། ཕྱི་མ་རྒྱུད་ཀྱི་རྒྱ་མདོ་ཡན་གྱི་འགྲེལ་པ་མེས་པོའི་ཞལ་ལུང་ཞེས་པ་མཛད། གཞན་ཡང་རྗེ་མཉམ་ཉིད་རྡོ་རྗེའི་རྣམ་ཐར་དང་། རྒྱུད་བཞི་བཀའ་བསྟན་མཐའ་དཔྱོད་སོགས་གསོ་དཔྱད་སྐོར་ལ་གསུང་རྩོམ་ཤིན་ཏུ་མང་ཞིང་། སྨན་ངག་མེ་ལོང་མའི་མེ་ལོང་ཞེས་པ་སོགས་རིག་གནས་གཞན་སྐོར་ལའང་སྣ་ཚོགས····མཆིས། གཡུ་ཐོག་ཕྱག་བྲིས་མའི་རྒྱུད་བཞི་གསེར་མཆན་སོགས་གནའ་རབས་ཀྱི་ཚད་ལྡན་ཡིག་ཆ་རྣམས་ལ་ཁུངས་བཙལ་ཏེ། རྒྱུད་བཞི་ལ་ཞུས་དག་མཛད་ཅིང་ནང་སོ་ཡར་རྒྱབ་པ་སྦྱིན་བདག་ཏུ་བསྐུལ་ནས་པར་དུ་བཀོས་པའི་གྲྭ་ཐང་པར་མ་ཞེས་རྒྱུད་བཞིའི་པར་ཐོ་ཤོས་སུ་གྱུར་པ་དེའི·········བདག་རྐྱེན་མཛད་པ་སོགས་སྐུ་ཚེ་ཧྲིལ་པོར་གསོ་བ་རིག་པའི་བསྟན་དོན་ཁོ་ན་མཛད། དགུང་ལོ་བདུན་ཅུ་ལྷག་ཙམ་བཞུགས་པར་གྲགས།

八、创新者：宿喀罗哲杰布（1509—1580）

创新项目：探究四大物种（即：地、水、火、风）的起源，识别辨认了近66000种分支微观粒子。大师与宿喀念木倪多杰同属近亲，为了圆满上世宿喀大师之宏愿，力著《祖先言教》《宿喀念木倪多杰传》《四续经论探考》等，尤其依据《宇妥亲书四续金疏》等母本，对《医学四续》做了考究论证，并将考证断义了的医学四续完整刻版，后被誉为“扎唐四续”。

Zurkhar Lhodregyalpo(1509-1580). This doctor dedicated to Tibetan medicine development in his life. His works include: the Classification of Tibetan Materia Medicalin the term of five elements, he divided all the prescription ingredients into 66000 kinds. **He was a relative of the founder of Zurluk Tibetan Medical Thought School, also the close disciple of the first master of Zurluk Tibetan Medical Thought School. His dedication to the medical system fruited a quite number of outstanding works, they included: Commentary on Yuthok Four Tantras, Ultimate Analysis on Four Tantras, Explanation on Sequential Chapter in Four Tantras and others.**

9. སྡེ་སྲིད་སངས་རྒྱས་རྒྱ་མཚོ། 蒂斯桑杰嘉措 Desed Sangjegyaltso

གསར་གཏོད་མཛད་རྗེས་ཅན་དཀའ་བ། སྡེ་སྲིད་སངས་རྒྱས་རྒྱ་མཚོ།

གསར་གཏོད། བཤད་རྒྱུད་ཀྱི་ནང་དོན་རྣམས་དབེ་རིས་དང་སྦྱར་ནས་རོ་བཀྲ་དང་། འབྲུགས་དབེ་སོགས་ཐང་ཁ་བརྒྱད་ཅུ་གསར་གཏོད་གནང་།

རབ་བྱུང་བཅུ་གཅིག་པའི་ཆུ་སྦྲུལ་སྤྱི་ལོ ༡༦༥༣ ལོར་ལྷ་ལྡན་བྱང་ཕྱོགས་ཞང་བྲན་གྲོང་སྨད་གཞིས་ཀར་ཡབ་ཨ་སུག་དང་། ཡུམ་བུ་ཁྲིད་གཉིས་ཀྱི་སྲས་སུ་སྐུ་འཁྲུངས། དགུང་ལོ་བཞི་ལྔའི་ཐོག་ནས་ཡི་གེ་འབྲི་ཀློག་དང་སུམ་རྟགས་སོགས་ལ་བྱུགས་·······གཞོལ། དགུང་ལོ་བརྒྱད་ཀྱི་ཐོག་རྒྱལ་དབང་ལྔ་པའི་སྐུ་མདུན་དུ་བཅར་ནས་མདོ་སྔགས་སོགས་སྤྱི་དང་བྱེ་བྲག་གི་གཞུང་དོན་མང་པོ་གསན། འདར་པ་ལོ་ཙཱ་ལས་སྙན་རྩིས་དང་། སྒྲ་རིག་པ། ལྷ་འགོ་བློ་མཁྱེན་ངག་གི་དབང་པོ་ལས་དབྱངས་འཆར། བྱང་པ་ལྷུན་སྒྲིངས་པ་རྣམ་རྒྱལ་རྡོ་རྗེ་ལས་བྱང་ཕོག་ཡུལ་ཐིག་དང་། རྩ་རྒྱུད་སྟོང་འགྲེམས། གསང་སྔགས་ཆིག་བརྒྱུད་སྙིང་གི་མན་ངག་བཅས་གསོ་བ་རིག་པ་སྦྱང་བ་སོགས་མདོར་ན་མཁས་གྲུབ་གཉིས་ལྡན་གྱི་ཡོངས་འཛིན་དུ་མ་བསྟེན་ནས། ཐུན་མིན་དང་ཐུན་མོང་གི་རིག་གནས་ཀུན་ལ་དཔྱིས་ཕྱིན་པར་མཛད། རྒྱལ་དབང་ལྔ་པ་ཆེན་པོས་ཆོས་སྲིད་གཉིས་ཀའི་རྒྱལ་ཚབ་ཀྱི་ལས་ཀ་བསྐུལ་བས་ལོ་ཉེར་དྲུག་གི་རིང་སྡེ་སྲིད་བཟུང་ནས་སྲིད་བསྐྱངས། རྩེ་པོ་བྲང་དམར་པོ་ཉམས་གསོ་དང་རྒྱ་བསྐྱེད་གནང་། རྒྱལ་དབང་ལྔ་པའི་གསེར་གདུང་འཛམ་གླིང་རྒྱན་གཅིག་བཞེངས། གསོ་རིག་རྒྱུད་བཞིའི་ཞལ་ཐང་བརྒྱད་ཅུའི་སྐོར་གསར་བཞེངས་དང་། གསུང་རྩོམ་སྐོར་ལ་ཕྱག་ལྕགས་རྩིས་ཀྱི་ལེགས་བཤད་བཻཌཱུརྱ་དཀར་པོ་དང་། བཻཌཱུརྱ་དཀར་པོའི་

གཡའ་སེལ། གསེར་གདུང་འཛམ་གླིང་རྒྱན་གཅིག་གི་དཀར་ཆག ཁྲིམས་ཡིག་དྲངས་ཤེལ་ཉེར་གཅིག གསོ་བ་རིག་པའི་ཁོག་འབུབས། ལེགས་བཤད་བཻཌཱུརྻའི་མེ་ལོང་དྲང་སྲོང་དགྱེས་པའི་དགའ་སྟོན། དཔལ་ལྡན་རྒྱུད་བཞིའི་འགྲེལ་པ་བཻཌཱུརྻ་སྔོན་པོ། མན་ངག་རྒྱུད་ཀྱི་ལྷན་ཐབས་དུས་མིན་འཆི་ཞགས་གཅོད་པའི་རལ་གྲི་སོགས་བརྩམས་པ་དང་། གཞན་ལེགས་བསྒྲིགས་བྱས་པ་སོགས་བསྡོམས་པས་པོད་ཉི་ཤུ་རྩ་དྲུག་ཙམ་བཞུགས། ལྕགས་པོ་རིར་སྨན་གྱི་སློབ་གྲྭ་བཙུགས། མཐར་རབ་བྱུང་བཅུ་གཉིས་པའི་ཤིང་བྱ་སྤྱི་ལོ་༡༧༠༥ལོར་སོག་པོ་ལྷ་བཟང་ཧན་གྱིས་བཀྲོངས།

九、创新者：蒂斯·桑杰嘉措（1653—1705）

创新项目：依据《讲述续》描述，绘制了人体解剖图、药物生长例图唐卡八十幅。起初从师于五世达赖，以蒂斯要职辅政的同时习研显密大宗。尤拜象巴南杰多杰勤习传统医药学理论。论著有《普氏历算法白琉璃》《秘诀续补遗斩断夭折死绳剑》《医学四续释蓝琉璃》等，内容通俗易懂，成为后世学习《四部医典》的重要入门参考书，也是一种标准的注释本，流传至今。并在西藏拉萨药王山（藏名“夹波日”）上设“药王山医学利众寺”，开创了第一所藏医药学校至今遗迹犹存。

Desed Sangjeg Yaltso(1653-1705).

Desed's great contribution to Tibetan medicine was that he made the content of the Exegetical Chapter in Four Tantras painted as Thangkas. The set of Thangkas has since then becme the standard teaching illustrations on Tibetan medicine. His authoritative commentary book on Four Tantras: The Blue Beryl, became the most referred text books in Tibetan medicine study. It is still being used in monasteries and in modern colleges as well.

10. བསྟན་འཛིན་ཕུན་ཚོགས། 帝玛尔丹增加措 *Dumar Tanzin Phuntsok*

གསར་གཏོད་མཛད་རྗེས་ཅན་བཅུ་པ། དེ་ཝུ་དམར་བསྟན་འཛིན་ཕུན་ཚོགས།
གསར་གཏོད། སྨན་རྫས་གསར་པ་སྟོང་ཕྲག་ལྷག་གསར་དུ་ངོས་འཛིན་གནང་ནས་ཤེལ་གོང་ཤེལ་ཕྲེང་བརྩམས།

རབ་བྱུང་བཅུ་གཅིག་པའི་ཆུ་བྱི་སྤྱི་ལོ༡༦༧༢ལོར་སྐུ་འཁྲུངས། དགུང་ལོ་བརྒྱད་ཀྱི་ཐོག་ནས་གསོ་བ་རིག་པ་སོགས་རིག་གནས་ཀུན་ལ་ཐོས་བསམ་དཔྱིས་ཕྱིན་པར་མཛད་དེ་བོད་ཆེན་པོའི་ལྗོངས་འདིར་དེའུ་དམར་པཎ་ཆེན་ཞེས་པའི་མཚན་སྙན་གྱིས་ཁྱབ་པར་གྱུར། མདོ་ཁམས་སོ་འཛོ་ཐང་དེའུ་དམར་ཟབ་རྒྱས་ཆོས་གླིང་ཕྱག་བཏབ། གསུང་རྩོམ་ཡང་ནང་རིག་པའི་སྐོར་དང་། སྒྲ་རིག་པ། བཟོ་རིག་པ། སྐར་རྩིས་སོགས་ཐུན་མིན་དང་ཐུན་མོང་གི་རིག་གནས་སྣ་ཚོགས་དང་། ཁྱད་པར་དུ་གསོ་བ་རིག་པའི་སྐོར་ལ་བདུད་རྩི་སྨན་གྱི་རྣམ་དབྱེ། ངོ་བོ། ནུས་པ། མིང་བཅས་རྒྱས་པར་བཤད་པ་ཤེལ་གོང་ཤེལ་ཕྲེང་ཞེས་སྤྱི་ལོ ༡༧༢༧ པའི་མེ་ལུག་ལོར་བརྩམས་པ་དེ་ནི་དེང་གི་བར་དུ་བོད་གངས་ཅན་ལྗོངས་འདིར་རྩ་ཐུམ་སྨན་རྫས་རིགས་ཀྱི་ཁུངས་གཏུག་ས་ཞག་ཅིག་ཏུ་གྱུར་ཡོད། གཞན་ཡང་ལག་ལེན་གཅེས་བསྡུས་སྨན་ཀུན་བཅུད་དུ་བསྒྲུབ་པའི་ལས་ཀྱི་ཚིག་ཀུན་གསལ་སྣང་མཛོད། གསོ་རིག་མངོན་བརྗོད་ཉེར་མཁོའི་དོན་གསལ། མེ་བཙའ་དང་གཏར་གའི་སྐོར་སོགས་དཔེ་ཚན་བརྒྱ་ལ་ཉེ་བར་བརྩམས། སློབ་མ་ཡང་དཔལ་སྤུངས་སི་ཏུ་ཆོས་ཀྱི་འབྱུང་གནས་སོགས་མཁས་བཙུན་ལྡན་པ་མང་པོ་བསྐྱངས་པ་སོགས་མཛད་རྗེས་ཤིན་ཏུ་ཆེ། འདས་ལོ་མ་རྟེད།

十、创新者：帝玛尔丹增彭措（1672—不详）

创新项目：重新识别辨认了几千种新药材的基础上，编撰了《晶珠本草及注释》著作。自幼力勤闻思，久负“帝玛尔班禅“之誉，朵康果角处修建帝玛尔博奥法园力弘佛法。所著《晶珠本草及注释》至今依然作为草药、植物药的识别鉴定和辨认及制剂母本，被后人推崇至极。另著有《实践精要》《制药仪轨》《医学同音字词释》等，包括“火灸疗法”、“放血疗法”在内的近百卷专著。后继学徒以拜帮苏德却吉迥乃等为主。

Dumar Tanzin Phuntsok(1672-not clear). His achievement in Tibetan medicine was his work of addition of more than one thousands medical materials into Tibetan medicine materia medica. This was based on his extensive expeditions across Tibetan Plateau and as one of the main results, he compiled *ShalgongShaltreng*, The most endurable book on Tibetan Materia Medica, it is still the mere authoritative book on Recognizing, and distinguish Tibetan medical ingredients in preparation of prescriptions. He wrote more than one hundred books on various subjects. He was also the most skillful Tibetan politician in Tibetan history.

11. དབོན་པོ་ཀརྨ་ངེས་ལེགས། 翁波嘎玛额勒 *Wanpo Kanma Ngelek*

གསར་གཏོད་མཛད་རྗེས་ཅན་བཅུ་གཅིག་པ། དབོན་པོ་ཀརྨ་ངེས་ལེགས། གསར་གཏོད། སྨན་སྦྱོར་ཨེ་ཝཾ་པོད་གཉིས་བརྩམས། དེའི་ནང་སྦྱོར་མེད་གསར་དུ་སྣོན་བ་སྦྱོར་བྱས་པའི་སྨན་སྦྱོར་ཁ་ཤས་དང་། རྣ་བའི་རྩ་བཤད་དང་དཔེ་རིས་གསར་གཏོད་བྱས།

སི་ཏུ་ཆོས་འབྱུང་གི་གཅུང་གཉིས་པ། དབོན་པོ་ཞེས་པ་སྤྱན་མཆེད་ཆུང་བའི་ཞེ་ས་ཡིན། རབ་བྱུང་བཅུ་གཉིས་པའི་ཤིང་བྱ་སྤྱི་ལོ་༡༧༠༥ ལོར་ཁམས་སྡེ་དགེའི་ཨ་ལོ་གྲོང་དུ་སི་ཏུ་ཆོས་འབྱུང་དང་ཡབ་ཡུམ་གཅིག་པར་འཁྲུངས། སི་ཏུ་རིན་པོ་ཆེས་ཚབ་ཚ་དགོན་པའི་བླ་མའི་སྐུ་སྐྱེ་ཡང་སྲིད་དུ་ངོས་འཛིན་གནང་། རབ་བྱུང་བཅུ་གཉིས་པའི་ཆུ་བྱི་སྤྱི་ལོ༡༧༣༢ལོར་རྩིས་གཞུང་ཉེར་མཁོ་བུམ་བཟང་ཞེས་སྐར་རྩིས་དང་། འབྱུང་རྩིས་གཉིས་ཀའི་གཞུང་ཆ་ཚང་ཞིག་བརྩམས། དེའི་རྗེས་སུ་སྨན་བསྡུས་ཨེ་ཝཾ་གཉིས་བརྩམས། མདོ་སྔགས་རིག་གནས་སྤྱི་དང་ཁྱད་པར་སྨན་རྩིས་དང་། སྨན་ངག་བཅས་ལ་མཁས་པའི་གྲགས་པ་ཆེར་རྒྱས། དགུང་ལོ་ང་ལྔ་པ་རབ་བྱུང་བཅུ་གསུམ་པའི་ས་ཡོས་སྤྱི་ལོ༡༧༥༩ལོར་སྐུ་གཤེགས། དེའི་ཡང་སྲིད་ཀརྨ་རིན་ཆེན། ཡོངས་གྲགས་ཀྱི་མཚན་ལ་ཀརྨ་ངེས་དོན་བསྟན་འཛིན་འཕྲིན་ལས་རབ་རྒྱས་ཟེར། གོང་དུ་ཀརྨ་རིན་ཆེན་དང་དོན་གཅིག འདིའི་སྤྲུལ་བརྒྱུད་གཉིས་སུ་གྱུར་ཏེ། དང་པོ་འབྲས་ལྗོངས་རྒྱལ་པོའི་སྲས་སུ་སྐུ་འཁྲུངས་པ་ཕྱིར་དཔལ་སྤུངས་དགོན་དུ་མ་གནང་སྟབས་སི་ཏུ་པདྨ་ཉིན་བྱེད་དབང་པོས་འབྲས་ལྗོངས་པོ་དགོན་གྱི་གསེར་ཁྲི་ལ་མངའ་གསོལ། དེའི་སྤྲུལ་བརྒྱུད་རྣམས་འབྲས་ལྗོངས་སུ་བཞུགས། གཉིས་པ་སྡེ་དགེའི་ཚབ་ཚ་སྐུ་སྐྱེའི་སྐུ་ཕྲེང་རིམ་བྱོན་རྣམས་ཡིན་ནོ།།

十一、创新者：翁波嘎玛额勒（1705—1759）

创新项目：编撰藏医药学《艾旺双卷》著作，创制了几种新药配方，开创了“耳脉诊疗法”及其解剖图案。苏德却吉迥乃之弟翁波嘎玛额勒系德格嚓禾嚓活佛转世，也为嘎玛仁钦之前世。该转世系列同时存在两位转世，另一位仍在锡金境内沿袭。公元1732年先后还著有《艾旺双卷》及《历算理论常用》。

Wanpo Karma Ngelek (1705-1759) His contribution to Tibetan medicine was the books of UwangPonyi and several prescriptions added to existing ones. He was also a reincarnation in Karma School. He was considered as versed in Tibetan Astronomy and wrote a book on it: The Necessity of Astronomy Theory.

12. འཇུ་མི་ཕམ་རྣམ་རྒྱལ་རྒྱ་མཚོ། 局迷旁南杰嘉措 Jumiphan Namgyal Gyaltso

གསར་གཏོད་མཛད་རྗེས་ཅན་བཅུ་གཉིས་པ། འཇུ་མི་ཕམ་རྣམ་རྒྱལ་རྒྱ་མཚོ།
གསར་གཏོད། མི་ཕམ་ཐོ་སྦྱོར་བཅས། སྨན་སྦྱོར་གསར་པ་བཅུ་ཕྲག་ཁ་ཤས་མཛད་ཡོད།

རབ་བྱུང་བཅུ་བཞི་པའི་མེ་རྟ་སྤྱི་ལོ༡༨༤༦ལོར། ཡབ་འཇུ་མགོན་པོ་དར་རྒྱས་དང་། ཡུམ་སྲིང་ཆུང་གཉིས་ཀྱི་སྲས་སུ་ཡུལ་མདོ་ཁམས་སྡེ་དགེ་ཟླ་ཆུ་ཡ་ཆུའི་དིང་ཆུང་ཞེས་པར་སྐུ་འཁྲུངས། ཁུ་བོ་པད་མ་དར་རྒྱས་ཀྱིས་མི་ཕམ་རྒྱ་མཚོ་ཞེས་མཚན་གསོལ། ཆུང་ངུའི་དུས་ནས་ཡི་དམ་འཇམ་དཔལ་ཞི་དྲག་དང་། ཆོས་སྐྱོང་གེ་སར་གཉིས་ཕོ་ན་ལ་དད་པ་ཞིག་བྱུང་། དགུང་ལོ་བདུན་བརྒྱད་ཙམ་ནས་སྡོམ་གསུམ་རྣམ་ངེས་དང་། རྩིས་དཀར་ནག་གི་སྔོན་འགྲོ་ཐུགས་འཛིན་མཛད། དགུང་གྲངས་བཅུ་སྐོར་ནས་འབྲི་ཀློག་ལ་ཐོགས་པ་མེད་ཅིང་ཕྱག་རྩོམ་ཀྱང་ཅི་རིགས་གནང་། དགུང་ལོ་བཅུ་གཉིས་ལ་ཕེབས་པ་མེ་སྦྲུལ་སྤྱི་ལོ༡༨༥༧ལོར་གསང་སྔགས་ཆོས་གླིང་དགོན་དུ་ཕེབས་ཏེ་གྲྭ་བཙུན་གནང་། དགུང་གྲངས་བཅོ་ལྔ་སྐོར་ཞིག་ན་དབྱངས་འཆར་གྱི་དཔེ་རྙིང་ཞིག་ལ་ཞག་ཤས་གཟིགས་ཏེ་འཇམ……དཔལ་ལ་གསོལ་བ་བཏབ་པས་མ་ལུས་པ་མཁྱེན། དགུང་གྲངས་བཅོ་བརྒྱད་བཅུ་དགུའི་སྐོར་ནས་སྐུ་ཞང་འགྱུར་མེད་དང་ལྷན་དུ་ལྷ་སར་ཕེབས། དེ་ནས་ལྷོ་གནས་རྒྱས་པར་བྱོན་ཞོར་ལྷོ་བྲག་མཁར་ཆུར་ཕེབས་པའི་ཚེ་ཐ་མལ་གྱི་སྣང་བ་འགྱུར། བདེ་སྟོང་གི་ཉམས་འབར་བ་སོགས་གནས་ཀྱི་བྱིན་རླབས་ཐོབ། ཕྱིར་རང་ཡུལ་ལོག་རྗེས་ལབ་སྐྱབས་མགོན་དབང་ཆེན་དགྱེས་རབ་རྡོ་རྗེའི་མདུན་ནས་མ་ཧཱ་འཇམ་དཀར་གྱི་རྗེས་གནང་དང་། ཆོས་སྐྱོང་གི་སྲོག་གཏད་སོགས་གསན། དཔལ་སྤྲུལ་རིན་པོ་ཆེ་ལས་སྤྱོད་འཇུག་ཤེས་རབ་ལེའུ་སོགས་རྒྱུད་ལུང་མན་ངག་མང་པོ་གསན། འཇམ་དབྱངས་མཁྱེན་བརྩེ་དབང་པོ་ལས། ཐུན་མོང་གི་གཞུང་ལུགས་དུ་མ་དང་། གསང་ཆེན་རྡོ་རྗེ་ཐེག་པའི་སྨིན་བྱེད་ཀྱི་དབང་དང་། གྲོལ་བྱེད་ཀྱི་ཁྲིད། རྒྱབ་རྟེན་གྱི་བཤད་པ་སོགས་མན་ངག་ཕྱག་བཞེས་དམར་ཁྲིད་མང་པོ་ཞུས། ཀོང་སྤྲུལ་ཡོན་ཏན་རྒྱ་མཚོ་ལས། སྒྲ་ཙནྡྲ་པ་དང་། དངུལ་ཆུ་བཅོ་བརྒྱད་ལག་ལེན་

སོགས་ཐུན་མོང་རིག་གནས་དང་། འཇམ་དཔལ་ཚེ་བདག་སོགས་ཐུན་མོང་མ་ཡིན་པའི་སྨིན་གྲོལ་གྱི་རིགས་མཐའ་ཡས་པ་གསན། དཔལ་སྤུངས་རིག་གནས་སློབ་གྲྭ་རུ་གསོ་བ་རིག་པ་དང་། རྫིས་དཀར་ནག་བཅས་སློབ་གཉེར་མཐར་ཕྱིན་གནང་། འཛུ་དགོན་འཇིགས་མེད་རྡོ་རྗེ་ལས་མདོ་སྤུད་པའི་བཤད་པ། འབུམ་གསར་དགེ་བཤེས་ངག་དབང་འབྱུང་གནས་ལས་དབུ་མ་འཇུག་པ། འཇམ་དབྱངས་བློ་གཏེར་དབང་པོ་ལས་ཚད་མ་རིགས་གཏེར། སེར་ཤུལ་དགེ་བཤེས་ལྷ་རམས་པའི་མདུན་ནས་མཛོད་ཀྱི་བཤད་ལུང་སོགས་མདོར་ན་རིས་མེད་ཀྱི་མཁས་གྲུབ་དུ་མའི་མདུན་ནས་མདོ་སྔགས་རིག་གནས་དང་བཅས་པ་ཐམས་ཅད་མ་མཁྱེན་པ་མེད་པར་བསླབས། སྐུ་ཚེ་ཕལ་ཆེར་ཕྱོགས་མེད་རིས་མེད་ཀྱི་དབེན་གནས་རྣམས་སུ་སྒྲུབ་པ་ཉམས་ལེན་ཁོ་ན་མཛད་ཅིང་། མེ་ཤོད་དཀར་མོ་སྟག་ཚང་དུའང་ལོ་བཅུ་གསུམ་དུ་བཞུགས་ནས་བསྙེན་སྒྲུབ་མཐར་ཕྱིན་པར་མཛད། རི་བོ་དགེ་ལྡན་པའི་མཁས་པ་ཆེན་པོ་དཔའ་རིས་རབ་གསལ་དང་རྩོད་ཡིག་འགའ་ཞིག་བཏང་རེས་བྱས། མདོར་ན་རྗེ་འདི་ཉིད་སྐུ་ཚེའི་གང་པོར་གྲུབ་མཐའ་རིས་མེད་ཀྱི་མཁས་གྲུབ་དུ་མར་བསྟེན་ཞིང་མདོ་སྔགས་རིག་གནས་དང་བཅས་པ་ལ་སྦྱོང་པ་མཐར་མ་ཕྱིན་པ་མེད་པ་དང་། སྐུ་ཚེ་བསྙེན་སྒྲུབ་མཛད་པས་ཡི་དམ་ལྷ་ཐམས་ཅད་ཀྱིས་ཞལ་མ་གཟིགས་པ་མེད་པ། ཟབ་དོན་མཐའ་དག་དགོངས་པའི་ཀློང་ནས་རང་བརྡོལ་དུ་བྱུང་བའི་གསུང་རབ་བསྟན་བཅོས་པུསྟི་སུམ་ཅུ་ལྷག་ཙམ་བཞུགས། ཉིད་ཀྱི་ཞལ་སློབ་གཙོ་བོར། རྡོ་གྲུབ་ཆེན་རིན་པོ་ཆེ། གཏེར་སྟོན་བསོད་རྒྱལ། རྫོགས་སྤྲུལ་ཐུ་པ། ཀཿཐོག་སི་ཏུ་རིན་པོ་ཆེ། ཞེ་ཆེན་རྒྱལ་ཚབ་སྤྲུལ་སྐུ། ཞེ་ཆེན་རབ་འབྱམས། དཔལ་ཡུལ་རྒྱ་སྤྲུལ། དཔལ་ཡུལ་ཀརྨ་ཡང་སྤྲུལ། དཔལ་སྤུངས་སི་ཏུ་པདྨ་དབང་མཆོག། གླིང་རྗེ་དྲུང་། ཨ་འཛོམས་འབྲུག་སྤྲུལ། རྟོགས་ལྡན་ཤཱཀྱ་ཤྲཱི། ངོར་དཔོན་སློབ། དགུ་རོང་སྤྲུལ་སྐུ་སོགས་ས་དགེ་བཀའ་རྙིང་གི་མཁས་ཆེན་དམ་པ་རྣམས་དང་། ས་སྐྱོང་སྡེ་དགེ་རྒྱལ་པོ་དང་། གླིང་ཚང་རྒྱལ་པོ་སོགས་བོད་ཀྱི་དགོན་

རིགས་རྣམས་དང་། འགྱུར་ལྡན་བསྟན་པའི་སྨིན་བདག་མང་པོའི་བླ་མར་གྱུར། དེ་ནས་དགུང་ལོ་རེ་བདུན་པ་རབ་བྱུང་བཅོ་ལྔ་པའི་ཆུ་བྱི་སྤྱི་ལོ་ ༡༨༥༧ ལོའི་ཟླ་བ་དང་པོའི་ཚེས་བཅུ་གསུམ་ལ་སྐུ་མཚམས་གྲོལ། ཆོས་བཅོ་བརྒྱད་ཉིན་འགྲུལ་པ་འགའ་ཞིག་གི་རྐྱེན་བྱས་གདོན་ནད་ལྷ་བུ་ཞིག་གིས་སྣང་གཞི་བཞེས་པ་དང་། ཚེས་ཉེར་གཅིག་ཉིན་མཐའ་མའི་ཞལ་ཆེམས་ཕྱག་བྲིས་མཛད་ནས་གསང་ཉར་མཛད། ཉེར་ལྔའི་ཉིན་ད་ནི་རིས་མགོ་ཚང་སོགས་ཡོད་བདག་དང་། རྗེ་སྤྲུལ་སོགས་ཕྱོགས་ཀྱི་མཇལ་མི་ཐམས་ཅད་ཤོག་གསུངས། སྐུ་མདུན་དུ་བཙར་ཏེ་སྨོན་ལམ་མཛད། དེ་སྐབས་རྗེ་སྤྲུལ་སོགས་ནས་བཞུགས་ཞུ་ཞུས་པར་ད་ནི་མི་སྡོད་ངེས་ཅན་ཡིན། སྐྱེ་བ་ཡང་མི་ལེན་བྱང་ཤམ་ཧྭ་ལར་ཕེབས་རྒྱུ་ཡིན་ཞེས་···སོགས་གསུངས་ནས་བོད་ཟླ་བཞི་པའི་ཚེས་ཉེར་དགུ་ཉིན་སྐུ་གཤེགས།

十二、创新者：局迷旁南杰嘉措（1846—1912）

创新项目：编撰藏医药学《迷旁草药配方》著作，创制了几十种新药配方。幼时起因习气尤佳，随喜息猛文殊及格萨尔护法神。公元1857年，初入密宗寺剃发为僧，曾先后从师于怙主旺亲杰饶多杰、白珠仁波切、嘉木杨钦则旺布、贡珠云丹嘉措、吉翁久美多杰、本赛格西阿旺迥乃、嘉木样罗德昂布、色许格西拉然巴等大师，将毕生精力投入到佛法的研习和藏医药学的创新事业上。后继之徒有多珠钦、伏藏师索加、噶托斯度、格茸活佛等具德大智。

Jumiphan Namgyal Gyaltso(1846-1912). He wrote Miphan Herbal Medicine, and added more than ten prescriptions into the previous ones.

As the other famous Tibetan Doctors did in the past, this innovator also dedicated his whole life into Tibetan Medicine Development. He had many students and followers, they made great contributions to their communities.

13. འཇིགས་མེད་ཕུན་ཚོགས། 本然巴久美彭措 Dr.Jiumei Phuntsok

གསར་གཏོད་མཛད་རྗེས་ཅན་བཅུ་གསུམ་པ། འབུམ་རམས་པ་འཇིགས་མེད་ཕུན་ཚོགས།

གསར་གཏོད། བོད་སྨན་སྨན་སྦྱོར་སུམ་སྟོང་སོ་དགུ སྨན་ལས་ལག་ལེན་དུ་བཏབ་པ་སུམ་སྟོང་སོ་དགུ སྨན་ཐང་ཉིས་བརྒྱ་དགུ ཚད་གཞི་ཆེན་པོ་ལྔ། ཟ་ཁྲུ་གསོ་བྱེད་ཀྱི་སྨན་རྫས་གསར་བ་རྩེད་པ་སོགས་གསུང་རྩོམ་ཉེར་…… དྲུག་སོད་བཅོ་ལྔ་བཞུགས།

ཡོང་ནི་རབ་བྱུང་བཅུ་དྲུག་པའི་ས་ཁྱི་སྤྱི་ལོ ༡༩༥༨ ལོར་ཨ་མདོ་རེབ་གོང་མགྲོན་ཞུང་སྡེ་བར་འཁྲུངས། ཆུང་དུས་ནས་སྔོན་གོམས་བག་ཆགས་ཀྱི་སྟོབས་ལས་ནང་བསྟན་རིག་པ་དང་། བོད་ཀྱི་གསོ་རིག་ལ་སྦྱོང་བའི་འདུན་པ་འགོག་མེད་དུ་ཤར་བས་རོང་པོ་དཔལ་གྱི་དགོན་ཆེན་དུ་ཆོས་སྒོར་ཞུགས་ཏེ་༧རྗེ་མཁས་བཙུན་ལུང་རིགས་རྒྱ་མཚོ་དང་། མཁས་དབང་ཚེ་ཏན་ཞབས་དྲུང་། གསོ་རིག་མཁས་ཆེན་འཇམ་དབྱངས་དབྱིག་གཉེན་སོགས་ངེས་པ་དོན་གྱི་སློབ་དཔོན་དམ་པ་བརྒྱད་བསྟེན་ཏེ། གཞུང་ཆེན་བཀའ་པོད་ལྔས་མཚོན་ནང་བསྟན་རིག་པ་དང་བོད་ཀྱི་གསོ་རིག་ལ་སྦྱངས་བརྩོན་མི་དམན་པ་གནང་། དེ་ཡང་། མཁས་དབང་དགེ་ཆོས་ཀྱི་ཞལ་ནས། རོ་དང་མཚུངས་པའི་ལུས་པོ་འདི། །ག་དུས་ཤི་ཡང་མི་འགྱོད་དེ། །གསེར་དང་མཚུངས་པའི་རྣམ་དཔྱོད་དག །ལྷན་ཏུ་ཤི་ན་ཤིན་ཏུ་ཕངས། །ཞེས་གསུངས་པ་ལྟར། རང་ཉིད་ལ་བཀའ་དྲིན་གཞལ་དུ་མེད་པའི་སློབ་དཔོན་ཆེན་མོ་བརྒྱད་ལས་བརྒྱུད་པའི་ནང་ཤེས་པའི་སྙིང་གི་དུག་གསུམ་འདུལ་བའི་རིམ་པ་དང་། ཕྱི་ལུས་ཀྱི་ན་བ་གསོ་བར་མ་ཟད་མི་ན་བར་ཡུན་རིང་དུ་གནས་པར་བྱེད་པའི་མན་ངག་ཉམས་མྱོང་རྣམས་གང་ཟག་སྒེར་གྱི་བདག་ཏུ་མ་བཟུང་བར། ས་སྐྱང་རིལ་མོ་འདིའི་སྙིང་གི་སྐྱི

འགྲོ་ཡོད་དོ་ཚོག་གི་ཕན་བདེའི་ཆེད་དུ་འབུལ་ཆེད་དགོན་པ་ནས་གྲོང་ཁྱེར། གྲོང་ཁྱེར་ནས་རྒྱལ་ཡོངས། རྒྱལ་ཡོངས་ནས་རྒྱལ་སྤྱིའི་སྟེང་དུ་གོམ་སྟབས་ཆེན་པོ་གསུམ་དང་གིས་སྤོས་ཏེ། སྤྱི་ལོ་༡༩༩༩ལོར་ཚོང་ལ་རིང་མོའི་ཉེ་འདབས་གནའ་མཁར་ཟེ་ཞིང་དུ་འཛིགས་མེད་བོད་སྨན་བཟོ་གྲྭ་བཙུགས་པ་དང་། དེ་དང་སྟབས་བསྟུན་འཛིགས་མེད་གཡུ་ཀླིང་བདུན་ཅུ་དང་། མཆིན་ནད་ཀུན་འཇོམས་སོགས་སྨན་སྣ་མང་པོ་གསར་གཏོད་མཛད་པར་མ་ཟད། རྒྱལ་སྤྱི་དང་རྒྱལ་ནང་གི་ཁས་ལེན་ཐོབ་པའི་གསེར་གྱི་རྟགས་མ་སོགས་ཀྱང་རབ་དང་རིམ་པ་བཞེས། ཉེར་དུ་བོད་ཁམས་ཀྱི་ནད་པ་གཙོས་འཛམ་གླིང་ཤར་ནུབ་ཀྱི་ནད་པ་ཁྲི་སྟོང་བརྒྱལ་བར་གསོ་བཅོས་གནང་སྟེ། བོད་སྨན་གོ་ཐོབ་སྤྱོད་གསུམ་མེད་པའི་གོ་ལའི་རླུམ་པོའི་ཁྱོན་ཀུན་ཏུ་བོད་ཀྱི་གསོ་བ་རིག་པའི་ནུས་པ་འདོན་གནང་དང་། མཚན་སྙན་རྒྱ་ཆེར་སྒྲེལ། སྤྱི་ལོ ༢༠༠༩ ལོར་འཛིགས་མེད་བོད་སྨན་ཁང་གསར་དུ་བཙུགས་ཏེ། བོད་ཀྱི་གསོ་བ་རིག་པའི་ལས་འགན་འཛིན་པའི་སྨན་པ་སློབ་མ་ཁྲི་ལྷག་བརྒྱལ་བར་ལག་ལེན་ཉམས་མྱོང་གང་ཅིའི་ཐད་ནས་བསྐྱེད་བསྲིངས་བྱས་པ་དང་། བཅོས་དཀའ་བའི་ནད་···རིགས་ཏེ་མཆིན་ཁྲག་གི་དྭངས་མ་མ་ཞུ་བ་དང་མཁྲིས་སྐྲན། གཅིན་སྙི་ཟ་ཁུ་སོགས་ལ་ཕན་བསྐྱེད་ངེས་ཅན་བྱུང་བས་འཛམ་གླིང་གསོ་རིག་ཀུན་གྱི་ཁྲོད་ན། བོད་ཀྱི་གསོ་རིག་ནི་གསོ་རིག་ཀུན་གྱི་རྒྱལ་པོ་ཡིན་པར་ཁས་ལེན་དང་གདེང་འཛོག་གནང་བར་མཛད། ཤོང་གི་མི་ཚེའི་གྲུབ་འབྲས་དང་ཉམས་མྱོང་ལ་རྒྱུས་ལོན་བྱ་ཆེད་ཨ་རིའི་དབྱིན་དུས་ཨན་ན་སློབ་གྲྭ་ཆེན་མོ་དང་རྒྱལ་ས་པེ་ཅིན། བོད་ཀྱི་སློབ་གྲྭ་ཆེན་མོ་ཁག་ཏུ་གདན་ཞུ་མཛད་དེ་བོད་ཀྱི་རིག་གཞུང་དང་། གསོ་རིག་གསར་གཏོད་བྱེད་ཕྱོགས་སྐོར་གྱི་དཔྱད་གླེང་ཐེངས་མང་པོ་གནང་། གངས་ཅན་གྱི་གསོ་བ་རིག་པ་ནི་བོད་པ་གཅིག་པུ་མ་ཡིན་པར་འགྲོ་བ་མིའི་

རིགས་ཡོངས་ཀྱི་སྤྱི་ནོར་དུ་ཤེས་པར་བྱ་ཆེད་བོད་ཀྱི་གསོ་རིག་ལ་གསར་གཏོད་ཆེན་པོ་བྱས་ཏེ་རྒྱུད་གཞུང་དུ། སྐྱེས་ཚད་མཐོང་ཚད་སྨན་དུ་བཀོལ་ཤེས་ན། །ས་སྟེང་སྨན་མིན་གང་ཡང་ཡོད་མ་ཡིན། །ཞེས་གསུངས་པ་ལྟར་སྔོན་ཆད་བོད་ཀྱི་གསོ་བ་པོ་དག་གིས་ལག་ལེན་དུ་བླངས་མ་བཏུབ་པའི་ཟ་ཁུ་གསོ་བྱེད་ཀྱི་སྨན་རྫས་གསར་པ་རྙེད་པ། བོད་སྨན་ཚད་གཞིའམ་སྦྱོར་སྡེ་སུམ་སྟོང་ལྷག་གསར་གཏོད་བྱས་པ་དང་། དེ་དག་གི་དཔེ་རིས་སྨན་ཐང་ཉིས་བརྒྱ་ལྷག་བཅས་གསར་གཏོད་མཛད་དེ། མ་འོངས་བོད་ཀྱི་གསོ་རིག་གིས་འཛམ་གླིང་ཡོངས་ལ་ཞབས་འདེགས་བསྒྲུབ་རྒྱུར་མདུན་བསྐྱོད་ཀྱི་ལམ་ཆེན་ཡངས་པོར་ཕྱེས་པ་·······སོགས། མདོར་ན་བོད་ཀྱི་གསོ་རིག་ལ་སྔ་སྔོར་མོ་ནས་མཛད་རྗེས་ཟླ་ན་མེད་པ་བསྐྲུན་བཞིན་འཚོ་ཞིང་བཞུགས་པ་ལགས་སོ། །

十三、现代创新者：本然巴·久美彭措

创新项目：创新制造藏药成药 3039 种配方、质量标准、制备工艺和制剂产品。绘制了 209 种藏药新的曼唐。新发现糖尿病治疗草药。著有《五大藏药创新标准》专著二十六部（15 卷）。

大师于藏历第十六热迥土狗年（公元 1958 年）诞生在安多热贡卓龙村。自幼习性作明，从佛趋善心切无可抵挡，遂入隆务寺剃发为僧。曾先后受教于克增龙柔尖措、才旦夏茸、藏医药学大师嘉样优宁等八位具德上师，受听以五部大论为主的佛法精髓和传统藏医药学理论。凭借自身不懈努力，将传统寺院藏医药学推向现代城市，推向全国，推向世界。1999 年，在青海西宁创办了久美藏药厂（现名青海久美藏

药集团股份有限公司），研制发明了“久美七十味松石丸”“久美十五味赛尔斗丸”和“久美舒肝胶囊”等藏药新药，获得国家食品药品监督管理局国药准字生产批准，是获国内外技术研发金奖的治疗肝病疑难病的重大创新药。2008年在青海西宁生物高科技园区建立了久美藏医医院，担负起培育大批藏医药学后继之徒。藏药创新药的临床应用，使许多现代疾病的疑难杂症和常见病，如糖尿病、乙肝、胆结石等疾病的治疗取得了突破性的疗效。发明创造了《藏医药用于糖尿病诊治的特色诊疗技术和标准化研究》等，是国家“十二五”期间藏医药重点专项项目的学科带头人。现在领军藏医药科研团队取得的成果和经验得到医学界的赞同认可，并多次应邀到美国印第安纳大学、北京大学、中央民族大学和各大藏学院校进行学术交流。

如今，本然巴·久美彭措大师以藏医药学学术泰斗之势，日夜坚守在医学领域攻坚克难的岗位上，正值以创新巨匠的神态，开拓着藏医药学辉煌的未来。

Dr. Jiumei Phuntsok,his contribution to Tibetan medicine is that he has added three thousand and thirty prescriptions onto the existing set of Tibetan medicine prescriptions; He also innovated two hundred and nine liquid prescriptions. He has written Five Sets of Tibetan Medicine Standards. These standards are the result of his long time study, research and the endeavor to push Tibetan medicine into international stage.

He was born in a farm family in Rebgong, Tibet. He became a monk in Rongwu Monastery when he was a boy. He engaged in wood carving for the reconstruction of the monastery after the Great Culture Revolution, and studied Tibetan medicine systematically with all those well-known Tibetan doctors at that time, they were the few Tibetan doctors who survived the cultural atrocity, and they were eager to find talented students to teach at that special time so that the Tibetan medicine could be carried on with less loss as possible. They were Dr. LungrikGyatso, Tsetan Shabdrong, Jamyang Yiknyin. They taught him at different time and at different stages but with their all heart and knowledge. As result, Jiumei Phuntsok has become the most skilled Tibetan doctor with deep insights into the essence of Tibetan medical theory and techniques. Based on the expertise and talents, he has innovated many Tibetan medicines, and hadexperiments on new modern diseases. He was extraordinarily successful in treating Hepatitis B, and patients has been swarming into his clinic since then, To eventually meet the great demands from patients, he established in 1999 a pharmaceuticals and hospital to satisfy the patients. The innovated Tibetan medicines are also working surprisingly well on gall blade stone, Diabetes and hepatitis B, Hepocirrhosis due to hepatitis B at early stage can be completely cured, and the preliminary trial showed that some diabetes patients can stop using insulin after treatment, this is a breakthrough in treating diabetes in the world.

Now Jiumei Phuntsok is striving to disseminate Tibetan medicine with interface of modern language so that more people will benefit from it!

སློབ་དཔོན་ཆེན་མོ་ཐུབ་བསྟན་ཕུན་ཚོགས་ལགས་ནི་སྤྱི་ལོ ༡༩༥༨ ལོའི་ཟླ་བ ༤ པར་ལྷོ་དགེ་དབལ་སྐྱུངས་དགོན་དབལ་འོག་འབྲོག་སྡེའི་ནང་དུ་སྐྱེས། ད་ལྟ་རྗེས་སུ་ཀུང་དབྱང་མི་རིགས་སློབ་གྲྭ་ཆེན་མོའི་བོད་རིག་པའི་སློབ་གླིང་དུ་སློབ་དཔོན་ཆེན་མོ་དང་འཛུམ་རམས་པའི་སློབ་སྟོན་པ་དང་ལྷོ་ནུབ་མི་རིགས་སློབ་གླིང་དུ་སློབ་དཔོན་ཆེན་མོའི་འགན་བཞེས་བཞིན་ཡོད།ཁོང་གིས་སྤྱི་ལོ ༡༩༦༡ ལོ་ནས་སྤྱི་ལོ ༡༩༧༥ ལོའི་བར་དཔལ་སྐྱུངས་དགོན་ཁོངས་ཀྱི་དཔོན་ཙ་ཚེ་རིང་འགྱུར་མེད་དང་། ཐང་བླ་ཚེ་དབང་། ཡོན་ཏན་ཕུན་ཚོགས། སྐྱབས་ཆེ་ཕན་བདེ་སོགས་སྐེར་བདག་གི་དགེ་རྒན་བསྟེན་ནས། འབྲི་ཀློག་ནས་བཟུང་སུམ་རྟགས། སྙན་ངག སྐར་འབྱུང་རྩིས། མངོན་བརྗོད། སྡེབ་སྦྱོར། བོད་ཀྱི་ལོ་རྒྱུས། གསོ་བ་རིག་པ། རི་མོ་སོགས་བཟོ་རིག་ཕྲན་ཚེགས། སྒྲ་རིག་པ། ཚད་མ་རིག་པ་བཅས་ཐུན་མོང་གི་རིག་གནས་དང་། ཕྱག་ཆེན་སྔོན་འགྲོ་ནས་བཟུང་དབུ། ཕར། འདུལ། མཛོད་སོགས་མདོ་ལུགས་ཀྱི་གཞུང་དང་། ཟབ་མོ་ནང་དོན། ཆོས་དྲུག གཅོད་སྐོར་སོགས་གསང་སྔགས་ཀྱི་ཆོས་སྐོར་མང་པོ་ཐོབ། གཞན་ཡང་གཏོ། མདོས། ཡས། སླུད་བཅས་གྲོང་ཆོག་སྐོར་ལའང་སྦྱོང་པ་ཅུང་ཟད་བྱས།
༡༩༨༦ལོའི་དགུན་ཁ་ནས་འགོ་བཙུགས་ཏེ་ས་གནས་ཀྱི་གྲོང་གསེབ་སློབ་ཆུང་དུ་རྒྱ་ཡིག་སྦྱོང་སར་ཕྱིན་ཀྱང་ལོ་ཕྱེད་ཙམ་སོང་རྗེས་རིག་གནས་གསར་བརྗེ་ལངས་ནས་སློབ་ཆུང་དེ་འཐོར། དེ་རྗེས་སུ་མཐུད་ནས་རྒྱ་ཡིག་ཅུང་ཟད་རེ་རང་སྦྱོང་བྱས།

༡༩༦༡ ལོ་ནས ༡༩༧༥ ལོའི་བར་སི་ཁྲོན་ཞིང་ཆེན་བོད་ཡིག་སློབ་གྲྭར་ཞུགས་ནས་དེང་རབས་ཀྱི་ཤེས་རིག་གསར་པ་རྣམས་དང་། བོད་ཀྱི་སྲོལ་རྒྱུན་གྱི་ཤེས་རིག་རྣམས་ལ་སློབ་སྦྱོང་བྱས་ནས་ཆེད་སྦྱོང་སློབ་གྲྭའི་ལག་ཁྱེར་ཐོབ། ༡༩༧༥ ལོ་ནས ༡༩༨༢ ལོའི་བར་སྡེ་དགེ་དཔལ་སྤུངས་སྡེ་ཤོག་གི་བོད་སྨན་ཁང་གི་སྨན་པ་བྱས། ༡༩༨༦ ལོ་ནས་ད་ལྟའི་བར་ཀྲུང་དབྱང་མི་རིགས་སློབ་གྲྭ་ཆེན་མོའི་བོད་རིག་པའི་སློབ་གླིང་དུ་དགེ་རྒན་དང་ཞིབ་འཇུག་གི་ལས་ཀ་བྱས། ༡༩༩༩ ལོའི་ཟླ་བ ༩ པའི་ཚེས ༡༣ ནས་ཟླ་བ ༡༡ པའི་ ཚེས ༢༨ བར། ཨི་ཊ་ལིའི་མེ་རི་སྐར་རྫོགས་ཆེན་འདུས་སྡེ་དང་། ཙ་རིའི་སློབ་གྲྭ་ཆེན་མོའི་སྨན་ཁང་། ཕིའི་སློབ་གྲྭ་ཆེན་མོ་བཅས་ཀྱི་ནང་དུ་བོད་སྨན་ལ་སོགས་བོད་ཀྱི་རིག་གནས་སྐོར་སློབ་ཁྲིད་བྱས།

སུམ་རྟགས་ཀྱི་དྲི་བ་དྲིས་ལན། རྩིས་གཞུང་རིན་ཆེན་སྙིང་པོ། གསོ་རིག་སྙིང་ནོར་གཅེས་བཏུས། བོད་ཀྱི་ལོ་རྒྱུས་སྤྱི་དོན་བསྡུ་རྒྱ་གའི་ལྡེ་མིག གསོ་བྱ་ལུས་ཀྱི་རྣམ་བཤད། གསོ་བྱེད་ཐབས་ཀྱི་རྣམ་བཤད། སྙན་ངག་གི་བྱུང་ཚུལ་དང་དཔེ་བརྗོད། ངོས་འཛིན་རྟགས་ཀྱི་རྣམ་བཤད། ཡིག་བསྒྱུར་ལས་ཀའི་ནང་གི་གནད་དོན་འགའ་ཞིག་ལ་དཔྱད་པ་དང་སྐར་ལུགས་དང་སྨན་གྱི་རི་མོ་བྱུང་ཚུལ་དང་འཕེལ་རྒྱས་སྐོར། བོད་ཀྱི་གསོ་བ་རིག་པའི་ལུགས་ཀྱི་ལུས་ཆགས་པའི་ས་བོན་དང་ཆགས་ཚུལ་སྐོར། བོད་ཀྱི་ས་དཔྱད་སྐོར་ཐོག་མར་གླེང་བ། བོན་པོ་དང་ནང་པའི་ཆོས་ལུགས་བར་གྱི་འབྲེལ་བ། བོད་ཀྱི་གསོ་རིག་གི་གཞུང་ལུགས་ཐོག་མ་དང་རྒྱུད་བཞིའི་བར་གྱི་འབྲེལ་བ། བོད་ཡིག་ཚིག་གཏེར་རྒྱ་མཚོ་སོགས་བོད་རིག་པའི་ཆེད་རྩོམ་བརྒྱ་ལས་འདས་པ་རྩོམ་གནང་མཛད།

མདོར་ན་ཁོང་གིས་མི་ཚེའི་གང་བོར་བོད་རིག་པའི་ལས་དོན་ཆེད་དུ་རྒྱལ་ཁབ་ཕྱི་ནང་གང་སར་ཕེབས་ཏེ་བོད་ཀྱི་གསོ་བ་རིག་པ་དང་ལོ་རྒྱུས་སོགས་འཆད་ཁྲིད་བྱས་ཤིང་རྒྱལ་ཁབ་ཕྱི་ནང་གི་སློབ་མ་བརྒྱ་ལས་འདས་པ་བསྐྱེད་བསྲིང་བྱས་དང་བྱེད་བཞིན་ལགས་སོ། །

藏学博士生导师土登彭措教授，1956 年 8 月诞生在四川德格柏帮寺柏额牧区。1961—1975 年，先后从师波热次仁炬美、汤拉次旺、云丹平措、嘉切潘德等先师，受听到修辞学、诗歌理论、天文历法、韵律学、词藻学、藏族历史学、藏医药学、声律学、因明学等共修类外，还受听到大手印前行仪轨、中观论、俱舍论、渡类学、戒律学、俱舍论等显宗类，以及密宗奥妙六法断行教诫等殊胜仪轨的修持法外，略习禳解、灵器、彩盘、替身朵玛实施仪轨。自 1964 年起，参加了当地创办的乡村学校学习汉语文并自学。1975—1982 年，任职德格柏帮寺寺立藏医医院医生。

1982—1986 年，考入省立藏文学校学习当代文化知识并获准毕业。自 1986 年起，担任北大藏学院教授、博士生导师兼西南民族大学客座教授，主要从事藏医药学研究工作。自 1999

年起，曾先后到意大利美如噶尔大圆满寺、巴热大学校立医院、匹萨大学进行藏医药学和藏学文化方面的授课。

著有《藏语语法三十颂和音势论知识问答》《藏族历算理论》《藏族医学心宝精选》《藏族历史红宝石》《藏医治疗躯体注疏》《藏医疗法妙绝注疏》《藏医诊治法注疏》《诗歌探源及举例》《藏医药学翻译疑难考》《噶尔派及医学挂图渊源》《藏医学形成躯体的根源和原理》《初探藏族风水》《佛苯两教关系考》《古典藏医药学理论与四部医典》《藏文辞海》活跃在国内外藏医药研究和临床领域，将现代藏医药学研究推向世界伟业立有不朽的功勋。

He is aprofessor teaching in Tibetan Culture Department in Central University for Nationalities in Beijing and South-west University for Nationality in Chendu, Sichuan.

Professor Thubtan Phuntsok was born in August, 1956 into a nomad family in Dhege area, Kam (Sichuan).

From 1961 to 1975, He studied Tibetan culture related in subjects besides the education of reading and writing in Palpung Monastery with different teachers. His teachers in this period of time include: Ponrutsering Jurmed,Thanglha Tsewang, Yontan Phuntsok, Kyabche Phande and others. The popular subjects he studied during this period of time were Grammar, Poetry, Astronomy and astrology, Rhetorics, History, Medicine, Fine art, Sanskrit, Dialectics; at the same time he also engaged in study and practice of Abhidamma Sutra and Tantras.

He attended a primary school in 1964 to study Chinese language for a while and learned rudimentary skills in reading and writing Chinese, his Chinese study was disrupted and the school he attended was closed due to the eruption of The Great Culture Revolution.

From 1982 to 1986, he got chance to study modern culture and traditional Tibetan culture in Sichuan Province Tibetan School, he graduated there with diploma.

He also served as a doctor in his village, Palpung village.

He has been doing various academic researches and teachings in Central University for Nationality in Beijing.

He gave teachings and speeches in different organizations in Australia, France and Belgium in 1999.

Thubtan Phuntsok wasa diligent academician, he has written many books on various subjects. His main works are: Q&A on Tibetan Grammar, The Precious Core of Tibetan Astronomy, Quintessence of Medicine, Key to Tibetan History, Our Body in the Eye of Tibetan Medicine, The therapies Tibetan Medicine Has, The Origin Of Poetry and Its Examples, General Diagnosis, The Origin of Medicine Thangka, Tibetan Medical Embryology, Tibetan Geomancy, The Relationship Between Bon and Buddhism, The connection Between Preliminary Tibetan Medical Theoretic Frame and Four Tantras.

He is a prominent advocate of Tibetan culture in the world travelling extensively in Tibet and out of Tibet.

བོད་གསོ་གསར་གཏོད་མཛད་རྗེས་ཆེ་མི་ཆེ།།
ཕྱི་ནང་རྒྱལ་ཁབ་ཆོག་མཆན་མི་དགོས་ཤིང་།།
བླ་དཔོན་གང་གིས་བཀའ་གསུང་གནང་མི་དགོས།།
གསར་གཏོད་འབྲས་བུ་མིག་མཐོང་ལག་གསལ་ཡིན།།

要论创新藏药有无功，
且看无需中外之准许，
不籍尚师达官之诏令，
创新硕果著然于天下。

With the prowess and power of creativity,
The greatest innovators have brought this world the greatest;
Without any persuasion and propaganda of the statesman,
The marvels the greatest innovators created are as conspicuous as the the beacon!

ཤེས་རབ་ཅན་ལ་རིགས་པས་སྒྲུབ་མི་དགོས།།
བསམ་བློ་ཅན་ལ་བློ་ས་ཕུལ་མི་དགོས།།
མཁྱེན་པ་ཅན་ལ་ངོ་སྤྲོད་བྱེད་མི་དགོས།།
ལྟ་བ་ཅན་ལ་ལམ་སྟོན་མཛད་མི་དགོས།།

智者勿需以因证，
思者勿需以理明，
悟者勿需以辨悉，
见者勿需以导途。

Those who have wisdom don’t need logical reasoning,
Those who have thoughts don’t need proposition imposed on,
Those who have insights don’t need any introduction,
Those who have perspective don’t need any guidance.

བོད་གསོ་ཡུན་གནས་འཆི་མེད་བདུད་རྩི་འདི། །
བོད་གཞོན་གདུལ་བྱ་གཉིད་ལས་སངས་བྱེད་ཡིན། །
བོད་པའི་རིག་གནས་མདུན་ལམ་སྟོན་བྱེད་འདི། །
བོད་རིགས་མི་དམངས་ཡོངས་ཀྱི་ལེགས་སྐྱེས་ཡིན། །

是乃藏药永存之甘露，
亦唤后继所化醒世钟，
此乃藏学道途作明炬，
亦为献给吾众之贽礼。

As immortal as a nectar can produce; So are these innovations to make Tibetan medicine to live on;
So are these innovations to wake up young followers;
So are these innovations to shed light on the path of Tibetan culture;
So are these innovations gifts to Tibetan People.

ལ་རྒྱ་ཅན་ལ་སྙིང་གི་ནོར་བུ་ཡིན། །
ཆགས་སྡང་ཅན་ལ་སྙིང་གི་ཚེར་མ་བཞིན། །
གསོ་རིག་གསར་གཏོད་བསྟན་པ་གནས་བྱེད་འདི། །
ཐུབ་མིང་འཛིན་པས་ངང་སྒྲ་བསྒྲགས་པ་ཡིན། །

于韧骨者成心宝，
于贪瞋者成心荆，
创新以求永存道，
名曰土登急且宣。

Those who take honor as their life treat the innovators the most precious,
Those who are easily inflicted with jealousy see the innovators a thorn in their flesh,
The innovation by the greatest innovators are the props to sustain Buddhism, So said by the writer who has the name of Thub, with thundering pitch of voice.